CW01621714

LLWYAU TRADDODIADOL

Cyfres y Grefft:

1. **MELINAU GWLÂN**
J. Geraint Jenkins

2. **DRE-FACH FELINDRE A'R DIWYDIANT GWLÂN**
J. Geraint Jenkins

3. **CREFFTWYR LLECHI**
Alun John Richards

4. **LLWYAU TRADDODIADOL**
Gwyndaf Breese

5. **Y CWRWGL**
J. Geraint Jenkins

6. **CAWS CYMRU**
Eirwen Richards

7. **CWRW CYMRU**
Lyn Ebenezer

Y GREFFT

Llwyau Traddodiadol

Gwyndaf Breese

Addasiad gan Esyllt Nest Roberts

Gwasg Carreg Gwalch

Cyhoeddir gan Wasg Carreg Gwalch yn 2006.

Rhif rhyngwladol: 1-84527-033-9

Gwasg Carreg Gwalch,
12 Iard yr Orsaf, Llanrwst, Conwy,
Cymru LL26 0EH.
Ffôn: 01492 642031 Ffacs: 01492 641502
e-bost: llyfrau@carreg-gwalch.co.uk lle ar y we: www.carreg-gwalch.co.uk
Argraffwyd a chyhoeddwyd yng Nghymru.

Cydnabyddiaeth:

Amgueddfa Werin Cymru:
6, 31(A), 42, 44, 57, 58, 71, 77, 84, 88, 91, 93

Dorothy Wright, casgliad Amgueddfa Werin Cymru:
9, 22

Awdur:
11, 13, 14, 16, 18, 21, 24, 25, 27, 29, 30, 31(B), 32, 33, 51, 53, 61-3, 65-7, 73, 75, 79-81, 83, 87, 95

Gwasg Carreg Gwalch:
34-41, 43, 45-8, 97-103, 107-9, 112

Mike Davies:
104-5

Cadwyn:
106

Siôn Llewellyn:
110

David Western:
111

Cynnwys

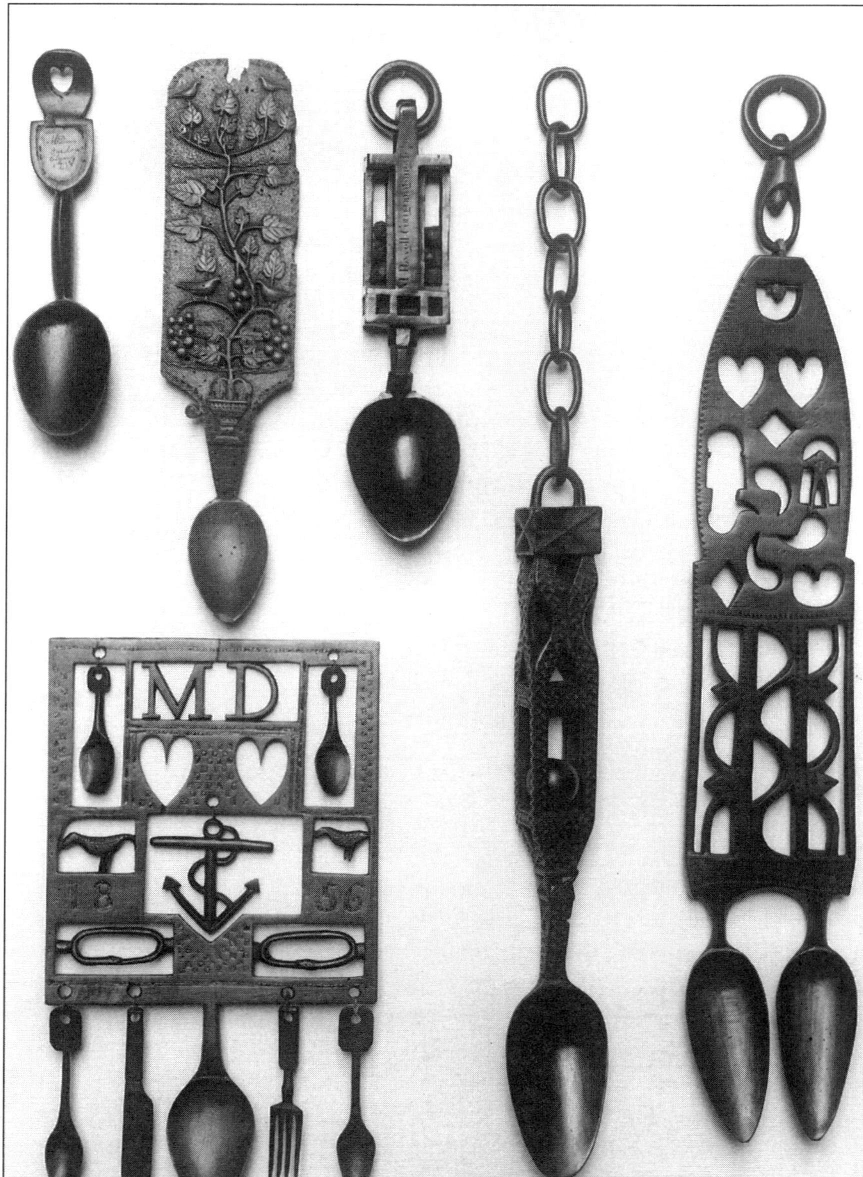

Casgliad o lwyau caru traddodiadol Cymreig

Cyflwyniad

Heddiw mae'r llwy garu Gymreig yn gyfystyr â Chymru: bob blwyddyn cynhyrchir cannoedd o'r llwyau ar gyfer marchnad ymwelwyr o dramor sy'n tyfu'n gyson. Hyd yn hyn ni fu ymgais i astudio datblygiad y llwy garu o fod yn ddatganiad moel o gariad i fod yn anrheg rhad mewn siop, na chrefftwaith arbenigol y cerfiwr. Ymddengys fod y grefft o wneud llwyau caru wedi datblygu o waith cynhyrchu llwyau bob dydd ar gyfer y cartref ond nid yw'r traddodiad wedi cael ei osod yn ei briod le yn y cyd-destun hwnnw ychwaith. Wrth gwrs, nid yw'r traddodiad gwneud llwyau at ddefnydd y cartref yn unigryw i Gymru ond mae ansawdd y llwyau a gynhyrchwyd yma ymysg y gorau. Fodd bynnag, mae'r datblygiad o fod yn llwy bob dydd i fod yn draddodiad y llwy garu yn ffenomenon unigryw i Gymru.

Fel yng ngorllewin Ewrop a thu hwnt, arferai erfynwyr serch ifanc Cymru fynegi eu hedmygedd drwy roi tlysau bychain wedi'u haddurno i'w cariadon. Yn yr un modd yn union arferai erfynwyr serch ym mhedwar ban gyflwyno rhoddion i'w cariadon ond roedd rhoddion meibion Cymru yn gwbl unigryw: ni wnaethpwyd rhai mor amrywiol eu cynllun a'u techneg yn unman arall yn y byd.

Cyflwynwyd, ac yn wir cyflwynir, llawer iawn o wybodaeth gamarweiniol i drigolion lleol ac i ymwelwyr am hanes cynhyrchu llwyau yng Nghymru. Nod y gyfrol hon yw gwneud iawn am hynny, er, efallai, y cyhuddir y gwaith o ddryllio'r hyn a ystyrir bellach yn fyth genedlaethol. Digon tila yw'r wybodaeth ddibynadwy sydd ar gael am hanes y llwy garu, ond fe geisia'r astudiaeth hon ddilyn hynt a helynt y cynnydd a'r gostyngiad ym mhoblogrwydd y ddefod serch Gymreig unigryw a'i hadfywiad yn ystod ail hanner yr ugeinfed ganrif nes i'r grefft o gerfio llwyau caru dyfu'n ddiwydiant gwledig ffyniannus ac yn ddifyrrwch amser hamdden. Yn ogystal, fe geisia'r gyfrol osod y llwy garu yng nghyd-destun datblygiad y grefft o gerfio llwyau bob dydd.

Yn ystod y deugain mlynedd a aeth heibio, mwy neu lai, cefais y fraint o adnabod y mwyafrif o'r cerfwyr llwyau caru a grybwyllir yn y gyfrol hon yn ogystal â llawer o rai eraill sy'n rhy niferus i'w henwi. Rwyf wedi annog a chynghori dechreuwyr, cyfnewid syniadau a thechnegau â chrefftwyr profiadol, yn ogystal â rhyfeddu at grefftwaith gain yr arbenigwyr cydnabyddedig. Anogaeth daer nifer ohonynt hwy, nad oedd yn teimlo y gallent wneud y gwaith eu hunain, sy'n gyfrifol am y cofnod canlynol.

Cerfio llwyau i'w defnyddio yn y cartref yw dechrau'r daith; traddodiad a ddatblygodd i fod yn draddodiad gwneud llwyau caru sy'n gwbl unigryw i Gymru.

Cerfio llwyau at ddefnydd y cartref

Mae llwyau pren garw eu gwneuthuriad ar gyfer paratoi bwyd wedi bodoli ers cyn cof ond ni chawsant eu defnyddio i fwyta bwyd lled hylifol neu 'fwyd llwy' o bowlen tan yr ail ganrif ar bymtheg. Gwelir yr enghraifft gyntaf o'r gair 'llwy' yn Llyfr Taliesin o'r drydedd ganrif ar ddeg ac fe ellir ei gymharu â'r Hen Gernyweg *'loe'* a'r Hen Lydaweg *'loi'*. Tarddiad y gair Saesneg *'spoon'* yw'r gair Eingl-Sacsoneg *'spon'*, sef 'asglodyn' neu 'ysbodol' (*spatula*), sy'n awgrymu bod y fath declyn wedi cael ei ddefnyddio ganrifoedd ynghynt.

Daliai'r tlodion i lymeitian hylif o bowlen am gryn amser wedi i lwyau piwtar, a llwyau arian yn ddiweddarach, ddod yn offer cyffredin ar fyrddau'r uchelwyr. Er bod cynllun llawer o lwyau bwyta o'r ddeunawfed ganrif a'r bedwaredd ganrif ar bymtheg yn seiliedig ar lwyau piwtar ac arian o'r fath, dengys y darnau mân o lwyau cynnar, da eu cynllun – gyda rhai ohonynt yn dyddio o'r flwyddyn 150 CC – ddigon o dystiolaeth fod y patrymau a gynhyrchid gan gerfiwyr llwyau Cymreig hyd at y 1930au yn seiliedig, mewn gwirionedd, ar gynlluniau a ddefnyddid ddwy fil o flynyddoedd ynghynt.

Gan amlaf nid oedd oes hir i offer pren, yn enwedig llwyau, a ddefnyddid yn y cartref ac ychydig enghreifftiau'n unig sydd wedi goroesi o gyfnod cynharach na'r ddeunawfed ganrif. Yn Ynysoedd Prydain, at ddefnydd bob dydd y cartref y gwnaed y mwyafrif o lwyau pren ac fe'u hystyrir yn llwyau anghelfydd o'u cymharu â'r crefftwaith cain a welir ar y llwyau o ganolbarth Ewrop a roddid yn anrhegion bedydd neu'r rhai a ddefnyddid mewn amrywiol ddefodau eglwysig.

Mewn oes pan gynhyrchid y rhan fwyaf o offer ar gyfer cartrefi'r werin bobl o glai neu bren, roedd galw parhaol amdanynt oherwydd byrhoedledd y defnyddiau hyn. Gwaith rhan amser, amser hamdden oedd mwyafrif y gwaith cerfio llwyau ym Mhrydain a threuliai'r dynion oriau hirion y gaeaf yn naddu pob math o bethau ar gyfer y cartref. Yn raddol bach dechreuwyd defnyddio llwyau i fwyta yn ogystal ag i goginio ac yng Nghymru yn enwedig ni allai'r cerfwyr rhan amser ateb y galw a bu'n rhaid i gerfwyr llawn amser ddod i'r adwy.

Cyn i nwyddau ffatri a gynhyrchid wrth eu cannoedd gyrraedd cartrefi Cymru yn sgil gwell cysylltiad ffordd a'r rheilffordd, cynhyrchid y rhan fwyaf o nwyddau pren y cartref ar gyfer economi Cymru gan y turniwr. Roedd gwahaniaethau sylweddol rhyngddo ef a'i gymar Saesnig, *the chair 'bodger'*, nid yn unig oherwydd ei fedrau rhagorach a hyblygrwydd ei waith, ond am ei fod hefyd yn medru cwblhau holl

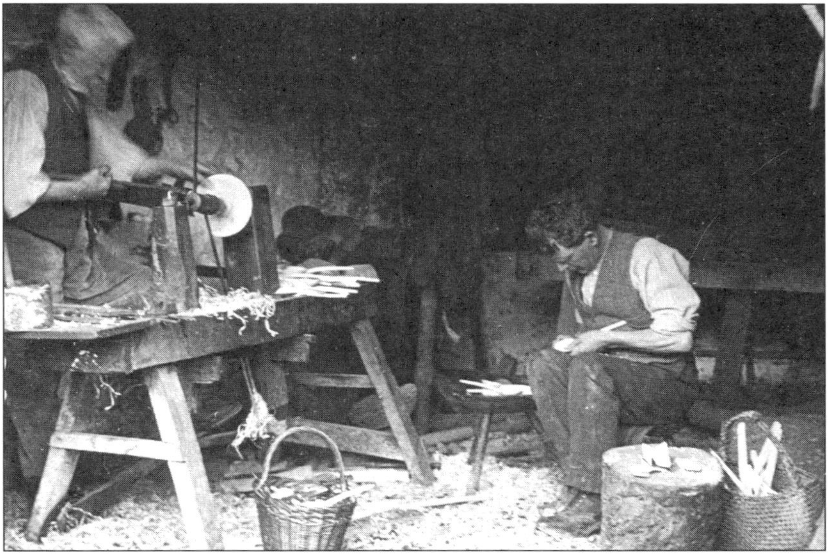

James a John Davies yn turnio a naddu llwyau yn eu gweithdai yn Aber-cuch, 1929

gamau'r gwaith heb orfod defnyddio peiriannau soffistigedig fel y rhai a ddefnyddid fel arfer mewn ffatrïoedd.

Ni châi llwyau at ddefnydd y cartref eu turnio â pheiriant (oni bai am ambell eithriad, ac ar gyfer rhai camau o'r gwaith megis turnio'r goes). Yn hytrach caent eu naddu o un darn o bren heb ddefnyddio turn a byddai'r gwaith yn fanwl ac yn araf. Yn achos y llwyau pren at ddefnydd y cartref, ni fyddai llwyau o ansawdd da yn para cyhyd â'r rhai garw eu gwneuthuriad; hynny yw, byddai oes llwy anghelfydd, arw yn hwy nag oes llwy gain a gerfiwyd yn ofalus ac a gynlluniwyd yn dda. Roedd llwyau bwyta yn hynod fregus: llwy fwyta gyda phen ysgafn, tenau oedd fwyaf cyfforddus ond byddai'n treulio a thorri'n fuan iawn. Byddai cartrefi amaethyddol yn arfer cael llwyau bwyta newydd unwaith y flwyddyn, cyn cneifio neu'r cynhaeaf gwair fel arfer pan fyddai angen bwydo gweithwyr tymhorol yn ogystal â'r teulu a'r gweithwyr arferol.

Y ddau brif fwyd llwy a fwyteid yng nghefn gwlad Cymru yn ystod y ddeunawfed ganrif a rhan helaethaf y bedwaredd ganrif ar bymtheg oedd prydau llysiau a cheirch amrywiol megis cawl a llymru. Roedd dau fath o lwy ar gyfer eu bwyta a'r unig wahaniaeth rhyngddynt oedd siâp y pen: byddai ffiol gron yn well ar gyfer bwyta cawl, a phen pigfain yn well wrth fwyta uwd. Defnyddid lletwad, sef llwy debyg ond yn fwy gyda bachyn ar ben y goes i'w hongian neu i'w hatal rhag syrthio i'r crochan cawl, i godi bwyd poeth i'r ffiol fwyd.

Mae holl grefftau cefn gwlad yn ddibynnol ar gyflenwad addas o ddeunydd crai. Sefydlodd y turnwyr Cymreig eu diwydiant cartref mewn ardal ble cyfarfu hen siroedd Ceredigion, Aberteifi a Phenfro yng ngorllewin Cymru. Yn y dyffrynnoedd cysgodol tyfai digonedd o goed masarn (sycamorwydden) gyda'r pren glân, di-arogl, di-flas hwnnw yn ddewis delfrydol ar gyfer gwneud offer coginio a bwyta. Roedd pren masarn yn un hawdd i'w drin hefyd ac yn para'n dda heb hollti.

Daeth pentref Aber-cuch a'r cyffiniau yn un o'r prif ganolfannau cerfio llwyau a pharhaodd y grefft yno hyd at ei dirywiad graddol yng nghanol y 1930au. Ymhlith y turnwyr a'r gwneuthurwyr llwyau traddodiadol olaf yr oedd dau aelod o'r un teulu, sef James a John Davies a oedd yn adnabyddus y tu hwnt i filltir sgwâr eu gweithdy gwledig. Yn y blynyddoedd diweddar, pan nad oedd bri ar fasnach leol, byddai eu cynnyrch yn dal i gael ei wneud ar gyfer rhai o siopau mawrion Llundain.

Crefftwr nwyddau pren adnabyddus arall oedd William Rees o bentref bychan Henllan; roedd safon gelfyddydol a thechnegol ei gynnyrch yntau o'r radd flaenaf.

Wrth i'r arfer o fwyta â llwy bren beidio'n raddol a chyda dyfodiad pob math o lwyau metel newydd, edwinodd poblogrwydd cerfio llwyau cartref o ddiwedd y 1920au ymlaen. Gallai'r sawl a oedd yn hoffi defnyddio llwy bren i goginio brynu llwyau a wnaed mewn ffatri yn llawer iawn rhatach. Mynnai'r to hŷn fod gwell blas ar gawl o lwy a ffiol bren ond ymhen hir a hwyr daethant yn gyfarwydd â llosgi eu gwefusau ar lwyau metel, rhywbeth na fyddai byth yn digwydd â'r hen lwy bren yn ôl y sôn.

O bryd i'w gilydd fe ymddengys llwyau bwyta o asgwrn, ifori, asgwrn morfil a dannedd walrws mewn siopau hen greiriau. Nid gwaith llaw cerfwyr gwledig mo'r rhain; gwnaed y mwyafrif ohonynt gan longwyr ar fordeithiau hirion. Bydd casglwyr yn talu prisiau uchel am lwyau o bren tywyll, caled megis pren bocs a phren y frechwydden *(lignum vitae)*, sydd hefyd yn hynod gasgladwy. Fodd bynnag, mae'r mwyafrif o'r rhain yn seiliedig ar lwyau metel ac er iddynt gael eu gwneud ar gyfer y bwrdd bwyd yn wreiddiol, fe gânt eu cynnwys yn nosbarth y llwyau i'w harddangos yn hytrach na'r llwyau i'w defnyddio bellach.

1. *Gwahanol fathau o lwyau*

Llwyau bwyta

Cynlluniwyd a cherfiwyd dau ddosbarth gwahanol o lwyau ar gyfer bwyta a'r ddau yn dibynnu ar ba fath o fwyd llwy oedd i gael ei drosglwyddo o'r ffiol i'r geg. Yng Nghymru fe'u hadwaenid yn gyffredinol fel llwyau cawl a llwyau uwd gyda chynllun a siâp ffiol y llwy yn addas ar gyfer y math penodol hwnnw o fwyd. Ffiol gron oedd i'r llwy gawl ond ni cheisid llunio cylch perffaith am ei bod, mae'n bur debyg, yn amhosib cerfio cafn hollol grwn â llaw a hefyd gan fod siâp lled hirgrwn yn fwy addas i'r geg. Ar y llaw arall, ffiol gul, bigfain oedd orau i lwyau uwd.

Y llwy gawl oedd y math mwyaf poblogaidd o ddigon ond roedd angen crefftwr medrus i'w llunio. Roedd gofyn iddi fod yn llwy gytbwys, ysgafn, gyda digon o ddyfnder i ddal cegaid o gawl ond ar yr un pryd heb fod yn rhy fawr i'r geg. Dylid cael ymyl gul a oedd yn tewhau tuag at gefn y llwy a gwaelod y goes gan fod angen cryfder yn y fan honno.

Yn ddelfrydol, byddai cefn y goes ar dro lluniaidd: ystyrid mai llwyau gwastad oedd y rhai gwaethaf a throi trwynau arnynt a wnâi crefftwyr medrus. Cerfid pen y goes yn sgwâr, yn grwn neu'n bigfain. Dim ond tri neu bedwar o ffurfiau coes gwahanol a fodolai ac un o'r ffurfiau arbennig hynny a ddangosai ym mha ardal y gwnaed y llwy. Roeddent yn wahanol i lawer o lwyau cyfandirol hefyd, yn enwedig rhai'r Swistir a Thyrol ble naddai'r cerfiwr addurniadau ar wyneb llyfn y pren drwy ddefnyddio cyllell finiog i dorri patrymau geometrig fel arfer, ac ni fyddai bachau arnynt ychwaith.

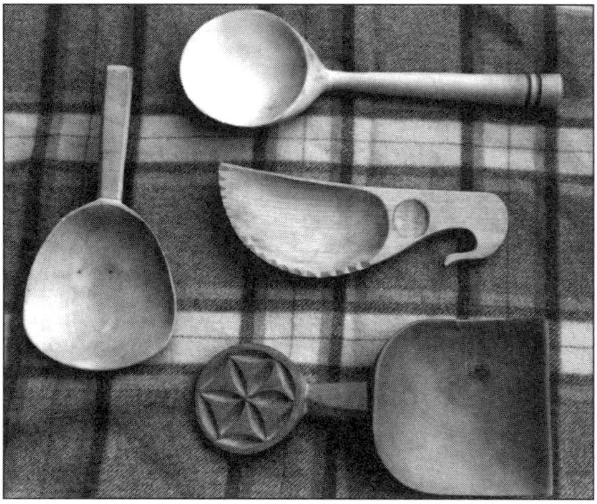

Llwyau traddodiadol Cymreig a ddefnyddid wrth wneud menyn.

Datblygodd un newid bach yng nghynllun y llwy ym mlynyddoedd olaf y fasnach sef llyfnu'n grwn yr uniad rhwng y ffiol a'r goes. Mewn llwyau cynharach torrid ysgwydd a allai fod yn fregus a thorri maes o law, yn ogystal â bod yn fangre i faw ymgasglu. Oherwydd glanweithdra, nid oedd addurniadau dianghenraid yn dderbyniol ychwaith ac am nad llwyau arddangos oeddent ni welid addurniadau nadd ar lwyau Cymreig at ddefnydd y cartref.

Nid oedd llwyau bwyta pigfain mor braf i'w defnyddio â'r llwyau cawl traddodiadol ac mae'n bur debyg mai datblygiad diweddarach dan ddylanwad llwyau metel oedd y rhain. Coes wastad oedd i'r rhai hynny a waeth pa mor dda oedd y gwneuthuriad, ni fyddent byth yn gyfforddus i'w defnyddio. Amrywiai hyd y llwyau bwyta ond brasamcanai'r gwneuthurwyr yr hyd derbyniol drwy fesur y pellter rhwng y bawd a'r bys bach ar law agored.

Lletwadau a llwyau coginio

Nid oes fawr o amrywiadau lleol ymysg llwyau coginio ('lladlwyau' oedd yr hen air yn y gogledd) a lletwadau. Diffiniad *Geiriadur Prifysgol Cymru* o letwad yw 'llwy ddofn hirgoes'. Roedd ffiolau rhai o'r lletwadau wedi'u turnio tra bod eraill wedi'u naddu'n gyfan gwbl â llaw. Pen a rhyw lun o siâp cafn iddo oedd i'r mwyafrif o letwadau, gyda choes gron neu wastad ac yn ddieithriad bron byddai gan y rhai mwyaf fachyn yn sownd i'r goes. Roedd llwyau coginio fymryn yn llai ac yn ysgafnach a blaen y pen cafnog yn sgwâr neu'n grwn. Y rhai pen sgwâr oedd fwyaf poblogaidd am eu bod yn cyrraedd gwaelod y sosban neu'r crochan yn well.

Byddai'r offer hyn yn para blynyddoedd oni bai eu bod yn cael eu llosgi neu eu deifio'n ddrwg fel na allent gael eu defnyddio mwyach. Roedd hyd yn oed y rhai a gynhyrchid gan grefftwyr medrus at ddefnydd bob dydd yn drwm a garw yr olwg gan mai pethau i'w defnyddio oeddent yn hytrach nag addurniadau.

Y gwahaniaeth amlycaf rhwng y lletwadau hyn a'r llwyau bwyta oedd y bachyn ar ben y goes i'w hongian ar silff neu resel pan na fyddent yn cael eu defnyddio, neu er mwyn eu bachu ar ymyl y crochan neu'r sosban fel na fyddent yn syrthio i ganol y bwyd.

Roedd dewis ehangach o lwyau coginio na lletwadau a'r rheiny i'w cael ym mhob lliw a llun. Nid oedd fawr o wahaniaeth rhwng y ddau fath o offer coginio a dweud y gwir ond at ei gilydd roedd y llwyau'n ysgafnach. 'Llwyau gwneud jam' oedd yr enw ar y llwyau hirgrwn, er bod llwyau sgwâr yn fwy ymarferol i'r perwyl hwnnw. Roedd gan y rhai a ymdebygai i letwadau bychain big wedi ei naddu i ymyl pen y llwy er mwyn hwyluso tywallt hylif i lestr arall.

Nid yw siâp y bachau wedi newid llawer ers dwy fil o flynyddoedd oni bai am y bachau cain a luniwyd ar gyfer y cystadlaethau gwneud lletwad a ddaeth yn boblogaidd yn ystod y 1920au a'r 1930au, ond gan amlaf byddai'r rheiny'n gwanhau cryfder y lletwad.

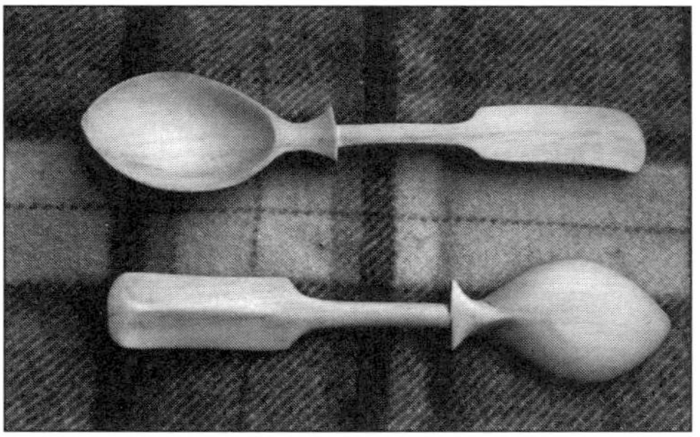
Pâr o lwyau cegin sy'n seiliedig ar batrymau metel

Llwyau menyn

Roedd dau fath o lwyau neu 'grafelli' menyn: y rhai a ddefnyddid wrth wneud menyn a'r 'llwyau menyn pot' ('llwy menyn hallt' neu 'llwy gam' yn y gogledd) Llwy wastad, fas gyda phen oddeutu 5 modfedd (150mm) o ddiamedr oedd y grafell fenyn a byddai ganddi goes fer gyda disgen gron ar y pen a phatrwm wedi ei naddu o chwith arni. Defnyddid y ddisgen i brintio addurn ar y menyn gorffenedig (roedd gan bob teulu ei brint menyn ei hun). Byddai bachau ar goesau rhai llwyau menyn a rhiciau nadd ar wyneb y pen cafnog er mwyn codi'r menyn o'r corddwr yn ogystal â gwasgu'r gwlybwr – y llaeth enwyn – ohono ar y noe.

Oherwydd ei siâp rhyfedd mae'r llwy menyn pot wedi peri cryn ddryswch i arbenigwyr hen greiriau nad ydynt yn gyfarwydd ag offer pren Cymreig. Fel arfer roedd ganddi ffiol hir, fas yn crymu ar yr ochr chwith (cymerid yn ganiataol mai llaw dde fyddai pawb a'i defnyddiai) gydag ymyl ddanheddog a bachyn ar ben y goes. Fe'i defnyddid yn y gaeaf, pan na fyddai menyn ffres ar gael, i dorri menyn wedi'i halltu o ddysgl bridd. Byddai'r menyn hwn yn galed iawn ac felly, er mwyn hwyluso'r crafu, roedd pant bychan wedi ei naddu i wyneb y llwy er mwyn medru gwasgu'n galetach â'r bawd.

Y mathau hyn o lwyau pren a ddiflannodd gyntaf ond dalient i gael eu cerfio ar gyfer cystadlaethau am beth amser wedi i ffermydd Cymru roi'r gorau i gorddi menyn. Byddai'r cystadleuwyr mwyaf medrus yn ymfalchïo yn y bachau a naddent ar ffurf gwddf alarch. Roedd y rhain yn addurniadau poblogaidd yn ystod y bedwaredd ganrif ar bymtheg ac yn rhoddion serch hefyd, fel y llwy garu sy'n fwy adnabyddus bellach.

Llwyau ac offer salad

Ni chynhyrchwyd llwyau codi salad gan gerfwyr llwyau traddodiadol tan y 1940au hwyr pan ddaethant yn eitemau poblogaidd mewn cystadlaethau gwaith llaw. Roedd y mwyafrif yn seiliedig ar offer salad metel, neu blastig yn ddiweddarach, ac yn cynnwys dwy lwy gyda'r coesau wedi'u cysylltu yn y canol, megis siswrn.

Cerfiai rhai crefftwyr Seisnig ffyrc ond nid oedd hyn yn arferiad yng Nghymru. Efelychiadau o ffyrc metel oedd y rhain, yn llafurus i'w naddu ac yn gofyn am goedyn cryfach na phren traddodiadol y fasarnen os am fforc a fyddai'n addas i'w defnyddio.

Yn y 1950au a'r 1960au, pan fynychai'r ychydig gerfwyr llwyau a oedd ar ôl y sioeau crefftau, daeth y cymysgwr yn hynod boblogaidd, sef ysbodol wastad a ddefnyddid i gymysgu toes a theisennau. Fe'u gwerthid yn sioeau crefftau y 1950au cynnar am 1/6 (tua 18c) ac yn anterth eu poblogrwydd ystyriwyd masgynhyrchu cymysgwyr. Bryd hynny defnyddid unrhyw ddarn tenau o bren wedi'i lifio i wneud cymysgwr ond afraid dweud nad oedd ansawdd y rhain yn rhy dda, ac ymhen dim fe ddechreuodd y prynwyr craff fynnu cymysgwyr a oedd wedi cael eu hollti a'u naddu â llaw. Ymhen hir a hwyr aeth y prisiau uchel yn drech na'r farchnad, ond nid peth anghyffredin yn y blynyddoedd dilynol fyddai gweld cymysgwr a welsai ddyddiau gwell yn dynn yn llaw hen wreigan wrth iddi frasgamu drwy sioe grefftau, gan daer erfyn bron am un newydd yn ei le.

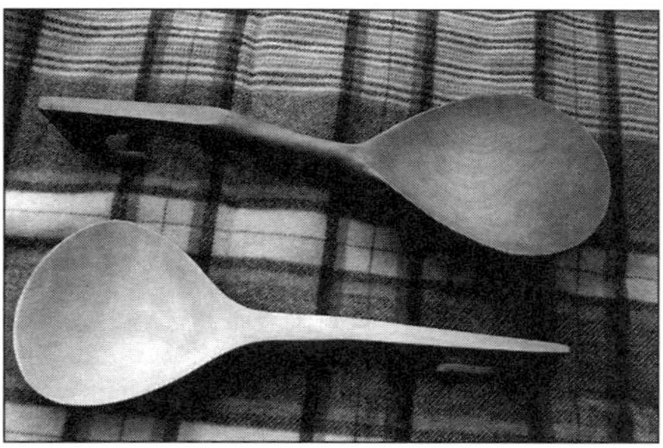

Lletwadau o bren masarn

2. *Defnyddiau*

Câi llwyau traddodiadol eu naddu â llaw gan ddefnyddio dim ond chwe theclyn elfennol, a'r rhan fwyaf o'r rheiny wedi eu gwneud yn y cartref neu ar gael yn lleol. Gellid cynhyrchu llwyau bwyta bychain drwy ddefnyddio bwyell fechan i fras ffurfio siâp y llwy, rhasgl bren ddeugarn, cyllyll syth i lyfnhau, a thwca cam i gafnio ffiol y llwy. Byddai angen neddau (bwyell gam) neu gŷn crwn i ddechrau cafnio'r gwastraff o ben lletwadau a llwyau coginio mwy o faint.

Câi'r mwyafrif o lwyau cynnar i'w defnyddio yn y cartref eu gwneud o bren lleol, waeth pa mor addas oedd y pren hwnnw. Ymhen hir a hwyr sylweddolodd y crefftwyr fod brychau mewn rhai mathau o bren, neu arogl annymunol a fyddai'n difetha blas y bwyd, tra byddai eraill yn anodd i'w naddu neu'n hollti wrth gael eu defnyddio. Felly fe ddechreuasant ddewis a dethol eu defnyddiau'n llawer mwy gofalus. Pren y ffawydden a'r balalwyfen oedd orau gan grefftwyr Seisnig ond pren y fedwen a'r eithinen bêr a ddefnyddid gan amlaf yn Llychlyn. Yn ardaloedd yr Alpau fe ddefnyddid yr aethnen wen ac yn nhaleithiau dwyreiniol coediog Unol Daleithiau'r Amerig, ymhle y sefydlodd y rhan fwyaf o'r ymfudwyr cynnar, y dewis delfrydol oedd pren masarn. Fodd bynnag, dim ond pren masarn a ddefnyddiai turnwyr a cherfwyr Cymreig i wneud offer ar gyfer y cartref a'r llaethdy, ond gan na chyrhaeddodd y goeden honno Brydain tan yr unfed ganrif ar bymtheg, a chymryd canrif arall i sefydlu, mae'n rhaid eu bod hwythau hefyd wedi defnyddio mathau eraill o bren cyn hynny.

Heb os nac oni bai, pren masarn oedd y dewis delfrydol: nid yw'n staenio, mae'n ddi-flas, yn ddi-arogl, yn bren da i'w naddu ac nid yw'n hollti wrth dreulio. Yn ogystal â hyn roedd digonedd o'r coed yn tyfu yn nyffrynnoedd cysgodol gorllewin Cymru.

Credai'r gwneuthurwyr a'r defnyddwyr fod yr awelon hallt a chwythai'n barhaus o'r môr yn rhoi blas arbennig i'r pren, er bod rhai gwneuthurwyr yn ychwanegu at y blas drwy ferwi'r cynnyrch mewn halen ar ôl iddo gael ei naddu a chyn iddo gael ei orffen a'i gaboli.

Fe ddylai pren masarn, o gael ei sychu neu ei 'sesno' yn iawn, fod yn lliw gwyn llaethog ac roedd hi'n ddigon hawdd sicrhau'r fath liw wrth gerfio llwyau gan mai pren ir, heb ei sychu, a ddefnyddid. Yn wahanol i bren caled, tywyll megis y gelynnen, yr ysgawen, y pren bocs neu'r pren ffrwythau a ddefnyddid yn aml i gerfio llwyau addurnol, gellid defnyddio pren masarn heb ei sychu a heb orfod poeni y byddai'n hollti wrth sychu. Ar gyfer cerfio llwyau, pren masarn ir a ddefnyddid bob amser.

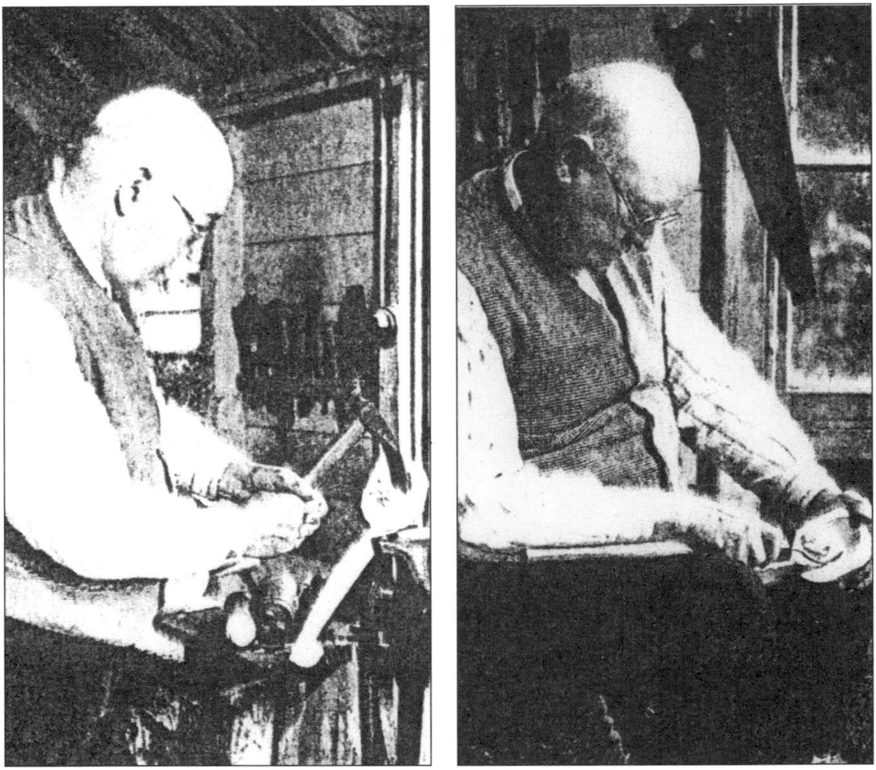

Naddwr llwyau dienw o Geredigion yn defnyddio neddau bowlen a thwca cam i greu cafn ynddi; dechrau'r 1920 mae'n debyg

Mewn dyffrynnoedd tywyll, cysgodol tyfai'r sycamorwydd yn gyflym ac yn uchel drwy esgyn fry tuag at y goleuni a phren y coed hyn fyddai'r defnydd delfrydol yn llygaid y gwneuthurwr llwyau. Gellid cael darnau hir, glân o bren meddal, hawdd ei drin gyda graen gwastad, unionsyth. Câi'r coed eu torri yn ôl yr angen gydol y flwyddyn, er bod pren a dorrid yn yr haf yn colli ei liw yn gyflym ac yn mynd yn anos i'w drin ymhen ychydig wythnosau. Ni thorrid gormod o goed yn y gaeaf ychwaith. Byddai'r cerfwyr llwyau yn sicrhau cyflenwad o bren yn ôl yr angen, gan fynd yn ôl a blaen i'r goedlan yn gyson i nôl rhagor.

Gellid cerfio rhai mathau o lwyau o frigau coed mawrion a dorrwyd ar gyfer cynhyrchu ystyllod ond yn gyffredinol, pren bregus, brau oedd hwnnw yng ngolwg y crefftwr. Roedd pren o goed a dyfwyd yn ddigysgod yn annerbyniol hefyd. Gellid adnabod y coed hyn ar eu hunion gan fod eu rhisgl yn arw ac fe ystyrid y pren yn wydn, yn union fel yr ychydig droedfeddi isaf ar foncyff unrhyw goeden, waeth ble y tyfodd. Byddai'r math hwn o bren yn cael ei durnio'n ddysglau gan amlaf, er bod rhai cerfwyr profiadol yn ei roi o'r neilltu ar gyfer gwneud lletwadau mawr neu lwyau i'w harddangos, oherwydd gellid caboli gorffeniad llawer mwy cain o bren caled o'r fath.

Byddai pob boncyff yn cael ei ddewis yn ofalus ar gyfer math penodol o lwy ac er bod digonedd o goed sycamorwydd i'w cael, ni fyddai egwyddor y cerfwyr llwyau yn caniatáu iddynt wastraffu dim o'r pren. Byddai'n rhaid cael plocyn glân, di-gainc tua 18 modfedd (46cm) o hyd i wneud lletwad, tra byddai hanner hynny'n ddigonol ar gyfer gwneud llwy fwyta. Roedd mynd mawr ar frigau wedi stumio ymysg gwneuthurwyr llwyau gwledydd eraill ond pren syth a ddefnyddiai'r gwneuthurwyr Cymreig bob amser, yn hytrach na manteisio ar gryfder ffurfiau pren a oedd wedi troi'n naturiol neu dyfu i siâp anghyffredin.

Er bod rhai cerfwyr llwyau a thurnwyr dysglau gwledig yn berwi eu cynnyrch – boed hynny am ychydig funudau neu am hanner awr – ni ymddengys eu bod yn gwneud hyn i feddalu'r pren er mwyn ei ystumio i ffurfiau gwahanol fel ag y gwnâi cerfwyr y diwydiant cadeiriau pren. Efallai na fyddai diben gwneud hyn gan mai dychwelyd i'w ffurf wreiddiol a wnâi'r llwy neu'r ddysgl p'run bynnag ar ôl iddi gael ei defnyddio i goginio a'i golchi droeon yn y cartref.

Yn dilyn adfywiad byrhoedlog crefftau gwledig yn y 1980au, ni theimlai'r cerfwyr llwyau newydd yr angen i gyfyngu eu hunain i ddefnyddio pren masarn yn unig ac fe ddechreuodd prennau addurnol eraill ymddangos. Rhoddid mwy o bwyslais ar siâp a lliw gyda'r rhain, yn hytrach na'r rhesymau ymarferol traddodiadol dros ddefnyddio un math arbennig o bren.

3. *Gwaith paratoi ac arferion gwaith*

Busnesau teuluol bychain oedd y mwyafrif o'r busnesau turnio coed Cymreig ac fel arfer, aelodau ifanc y teulu fyddai'r prentisiaid – rhai yn dewis dilyn y grefft ac eraill yn cael eu gorfodi. Er eu bod yn cael ychydig mwy o barch na'r dysgwr arferol, roedd yn ofynnol iddynt ddechrau yn y dechrau fel pawb arall, ac yn yr achos hwn y gwaith paratoi a ddeuai'n gyntaf, nes eu bod yn gorffen pob diwrnod gwaith gyda chefn poenus a dwylo dolurus a gwaedlyd yn aml.

Ar ôl cael eu torri, byddai'r plociau (y darnau pren) yn sychu'n gyflym, er bod modd eu cadw fymryn yn llaith drwy eu gorchuddio â sachau gwlyb. Dewis arall oedd eu cadw mewn dŵr, er nad oedd cerfwyr yn hoffi'r dull hwn gan ei bod yn anodd gafael mewn pren gwlyb ac felly fe'i ystyrid yn beryglus, yn enwedig yng nghamau cyntaf y torri. Waeth am ba hyd y byddai pren sych yn cael ei adael yn wlych, ni ellid ei gael yn ôl i'w gyflwr iraidd gwreiddiol p'run bynnag.

Roedd defnyddio pren heb ei sychu (neu heb ei 'sesno') yn beth cyffredin iawn ymysg cerfwyr cefn gwlad – techneg a ddaeth yn boblogaidd unwaith yn rhagor ar ddiwedd yr ugeinfed ganrif. Mantais bennaf pren ir yw ei fod yn hawdd i'w drin ac nid oes angen defnyddio nerth bôn braich yn ormodol wrth ei naddu. Yn wahanol i ystyllod sy'n cael eu llifio'n groes i'r graen, mae pren wedi ei naddu yn llawer iawn cryfach gan ei fod yn dilyn y graen naturiol. Oherwydd hyn mae'n llai tebygol o hollti neu stumio wrth sychu ac fe'i defnyddir hefyd gan wneuthurwyr basgedi a chlwydi.

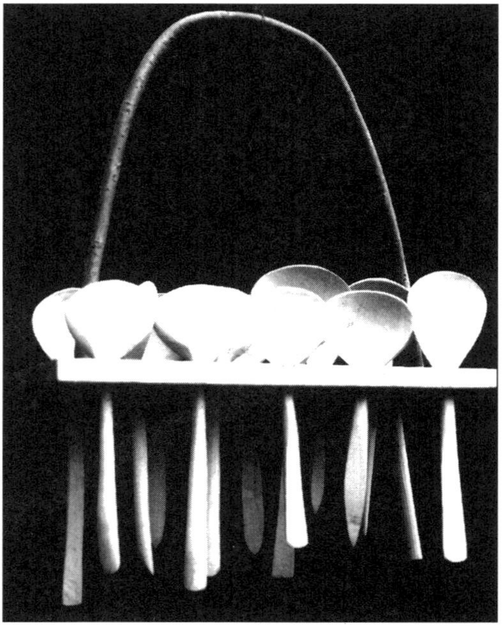

Llwyau cawl gyda choes gambren wedi'u gorffen â pheiriant ar rac traddodiadol

Yn ystod y cyfnod pan welwyd adfywiad mewn crefftau gwledig, daeth newidiadau sylweddol i ddulliau torri traddodiadol y grefft o gerfio llwyau. Gan fod y gwaith yn gofyn am gryn fedrusrwydd, defnyddiai cerfwyr llai profiadol gylchlif, neu lif fwa os nad oedd trydan yn y gweithdy. Ar ôl bras dorri siâp y llwy mewn ychydig funudau, ceisient arbed rhagor o amser drwy ddefnyddio siapwyr confensiynol a oedd yn torri'n gyflym ond nid yw offer o'r fath yn parchu graen naturiol y pren ac felly, ar ôl eu defnyddio, byddai'r pren yn ystumio llawer iawn mwy wrth sychu.

Dewis y pren

Roedd gwaith paratoi yn bwysig, fel ym mhob agwedd ar grefftwaith, a byddai boncyffion addas yn cael eu llifio ar eu hyd gan osgoi cynifer o geinciau â phosib. Gallai cerfiwr profiadol ddweud a fyddai modd cael gwared â cheinciau wrth ddechrau naddu llwy; gwastraff amser fyddai gorfod taflu llwy ar ei hanner oherwydd bod cainc yn y pren. Ar ôl cael eu torri, byddai'r boncyffion yn cael eu hollti, fel arfer gyda chŷn neu haearn hollti – teclyn hollti aml-bwrpas a ddefnyddid yn helaeth gan lawer o grefftwyr gwledig. Gan ddibynnu ar ddiamedr y boncyff a'r nifer o lwyau yr oedd eu hangen, fe'i holltid yn bedwar, chwe neu wyth darn, ond fel arfer fe wneid lletwadau o'r ddau ddarn canol. Defnyddid darnau siâp triongl neu hanner cylch i wneud llwyau bychain gan amlaf am na fyddai gormod o wastraff wrth ddechrau torri a naddu'r pren.

Ni fyddai cerfwyr traddodiadol yn defnyddio templed na mesuriadau: byddai llwyau'n cael eu gwerthu fesul un, a hyd yn oed pan gerfid 'set' ar gyfer rhyw archeb benodol ni fyddai'r cerfiwr yn gwneud ymgais arbennig i wneud pob llwy yr un fath; yr unig linyn mesur a ddilynai oedd maint a chynllun.

Naddu

Yr unig declyn a ddefnyddiai cerfwyr wrth ddechrau naddu llwy oedd bwyell fechan. Byddai siâp a phwysau'r fwyell yn dibynnu ar yr unigolyn ond gan amlaf tua phwys a hanner fyddai ei phwysau. Roedd bwyell drymach yn llai o waith ond byddai'r toriad yn fwy garw. Unwaith y daeth taclau wedi eu cynhyrchu mewn ffatri i gefn gwlad, darganfu'r cerfwyr llwyau pa fath fwyell oedd orau ganddynt o'r holl amrywiadau rhanbarthol a oedd ar gael.

Mae'n rhyfedd na addaswyd taclau naddu traddodiadol eraill, megis cyllell clocsiwr, ar gyfer naddu llwyau oherwydd byddai'r teclyn hwn wedi bod yn effeithiol iawn yn nwylo cerfiwr llwyau medrus. Fodd bynnag, anaml iawn y gwnâi clocswyr lwyau a byddai wedi bod yn brofiad diddorol tu hwnt gweld clocsiwr a cherfiwr llwyau deheuig yn cystadlu'n erbyn ei gilydd.

Byddai rhai cerfwyr llwyau cyfandirol yn defnyddio a mainc naddu gyda chryn fedrusrwydd i naddu eu llwyau, ond dewisodd y cerfwyr Cymreig anwybyddu'r teclyn amlbwrpas hwn, er bod llawer o grefftwyr gwledig eraill wedi ei addasu ar gyfer dibenion gwaith.

Roedd angen medrusrwydd, amynedd a llygad dda at gydbwysedd a ffurf wrth ddechrau naddu siâp llwy. Rhaid oedd gwaredu cymaint o wastraff â phosib ar y dechrau fel na fyddai gormod o waith gyda thaclau llai yn nes ymlaen. Gwaith y meistr, nid gwaith y prentis, oedd dechrau naddu ac fel arfer byddai'n siapio digon o lwyau yn y bore i gadw'i brentis yn brysur weddill y dydd. Cofiaf un cerfiwr llwyau a ddysgodd ei grefft gan ewythr iddo yn y 1920au yn dweud wrthyf am y gwaith torcalonnus o orfod gorffen pentwr o lwyau cyn diwedd y dydd. Câi ei foddi gan fynydd o lwyau ac ni châi ganiatâd i roi'r rhai oedd ar ôl mewn dŵr i'w cadw'n wlych tan y bore.

Yr un fyddai'r drefn bob tro wrth ddechrau naddu llwy, waeth pa fath o lwy oedd yn cael ei gwneud. Yn gyntaf cerfid siâp crwm ffiol y llwy, yna'r goes, a thu blaen y llwy i ddilyn. Roedd naddu da yn hanfodol; y duedd ymhlith gwneuthurwyr gwael fyddai gwneud llwy rhy wastad drwy beidio defnyddio plocyn digon trwchus, neu naddu gormod oddi ar gefn y llwy. Yn ôl y traddodiad roedd llwyau bwyta Cymreig (fel pob llwy sydd wedi'i chynllunio'n dda), o gael eu gosod wyneb i waered ar fwrdd gwastad yn cyffwrdd wyneb y bwrdd mewn tri lle: blaen y pen cafnog, hanner ffordd ar hyd y goes, a phen uchaf y goes. Dim ond y 'llwy tair trawiad', a oedd yn boblogaidd yng ngogledd Cymru, a ddilynai'r llinyn mesur olaf serch hynny.

Gan fod pren masarn yn bren eithaf unffurf a phlaen, ni fyddai'r cerfiwr yn gorfod ceisio cydbwyso lliw a ffurf fel yn achos y prennau mwy addurnol. Nid oedd ots am hyn gyda gwaith cyffredin ond petai dysgl yn cael ei chafnu o'r tu allan i ddarn o foncyff (drwy'r rhisgl), gellid ei naddu fel bod cylchoedd tyfiant y pren yn un rhes ddeniadol y tu mewn iddi. Nid dim ond turnwyr dysglau fyddai'n naddu fel hyn; pan ddechreuodd cerfwyr ddefnyddio pren addurnol i wneud llwyau, byddent yn gwahaniaethu rhwng y rhuddin a'r gwynnin gan fod gwahaniaeth sylweddol rhwng y ddau ddarn o'r un boncyff.

Cafnu

Ar ôl dechrau naddu, y cam nesaf oedd cafnu pen y llwy drwy ddefnyddio teclyn arbennig: y twca cam. Mewn dwylo medrus, dyma'r dull mwyaf effeithiol o lanhau'r gwastraff o du mewn cafnog y llwy.

Roedd angen rhagor o eli penelin wrth gafnu llwyau a lletwadau mwy, a hynny drwy ddal y llwy mewn feis a defnyddio cŷn crwn. Gafaelid yn y fwyell gam, teclyn effeithiol arall, ag un llaw tra bo'r llaw arall yn dal y llwy ac felly ni fyddai'r naddwr yn dioddef cwlwm chwithig wrth weithio.

Byddai'n anodd dod o hyd i fwyeill cam da. Roedd llafn y rhai a gynhyrchid gan ofaint lleol ar ormod o ongl sgwâr at y goes, yn hytrach na bod wedi'i blygu 'nôl bron yn gyfochrog â'r goes er mwyn medru cafnu'r dyfnder angenrheidiol ym mhen lletwad fawr. Roedd y fwyell gam yn declyn peryglus hefyd a'r olaf i gael ei roi yn nwylo dysgwr.

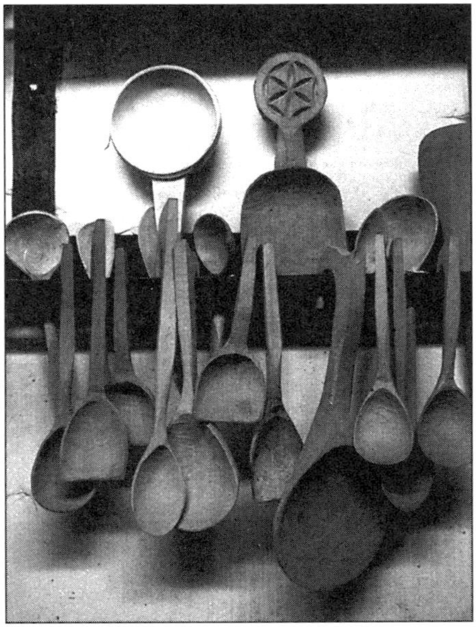

Llwyau ar eu hanner, wrthi'n sychu

Mae gan y mwyafrif o lwyau cartref cynnar sydd wedi'u darganfod ysgwydd fel cornel ble mae'r ffiol a'r goes yn uno ac mae'n anodd deall pam y parhaodd y fath gynllun gwael cyhyd. Pe bai craciau'n ymddangos yn y llwy wrth iddi sychu, yma y byddent i'w gweld oherwydd i'r cerfiwr fod yn rhy llawdrwm â'i fwyell. Byddai'r war yn fagwrfa i faw hefyd ac ni fyddai llwy o'r fath mor gyfforddus â llwy gyda'r goes a'r pen wedi'u huno ar droad lluniaidd.

Ar ôl cafnu pen y llwy gellid gorffen ei naddu drwy ddefnyddio rhasgl bren a chyllyll syth. Gorau po fwyaf o'r gwastraff y gellid ei waredu tra oedd y pren yn llaith ac yn hawdd i'w drin oherwydd wedyn byddai llai o waith cerfio ar y diwedd.

Sychu a berwi

Pan ofynnir am gyngor cerfwyr medrus byddant yn aml yn dweud: 'ni ddylech orfod defnyddio cyllell i dorri pren a ddylai fod wedi ei dorri â rhasgl, a gochelwch rhag defnyddio'r teclyn hwnnw i lyfnhau'r hyn a ddylai fod wedi'i dorri â bwyell.' Wrth ddechrau torri ni fyddai cerfiwr yn ceisio naddu'n llyfn; cael gwared â gwastraff oedd diben y cam cychwynnol hwn a chael y siâp llwy taclusaf posibl.

Ar ôl cwblhau'r bras naddu cychwynnol, sychid y llwy gynted â

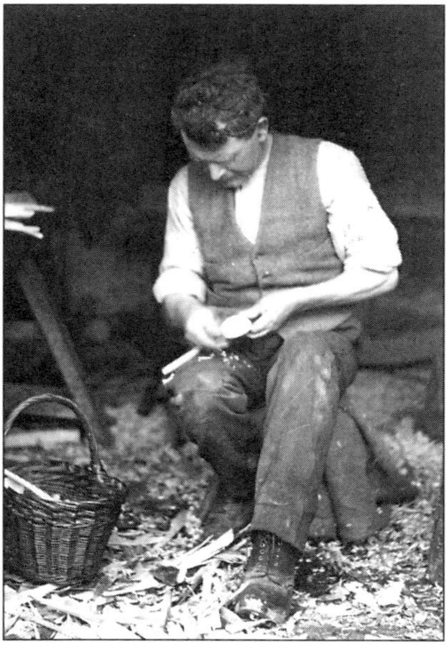

John Davies, Aber-cuch, Sir Benfro yn cerfio llwyau cegin

phosib fel na fyddai'n staenio. Pan fyddai'r tywydd yn braf fe'i rhoddid ar silff ffenest a byddai'r awelon cynnes yn sychu'r lletwadau mwyaf hyd yn oed o fewn ychydig ddyddiau. Yn ystod dyddiau gwlybion y gaeaf, pan fyddai'n rhaid cael mwy o wres, gadewid llwyau bychain yn ymyl ffwrn neu foiler dros nos. Gosodid llwyau mwy wrth wres is am ragor o amser fel na fyddent yn hollti, ond os oedd y pren wedi cael ei ddewis yn ofalus a'i dorri'n grefftus â'r fwyell, go brin y byddai damwain o'r fath yn digwydd.

At hyn byddai rhai gwneuthurwyr yn berwi eu llwyau ac eraill yn aros hyd nes y byddent wedi eu gorffen, oherwydd credent fod berwi'r llwyau yn codi'r ffeibrau yng ngraen y pren. Yna gellid caboli'r graen cyn gorffen er mwyn cael llwy a fyddai'n fwy llyfn i'w defnyddio. Byddai ambell durniwr yn gwneud yr un fath â'i ddysglau cawl ac eraill yn berwi'r dysglau yn syth ar ôl eu torri o'r boncyff i feddalu'r graen a gwneud y pren yn haws ei drin.

Mewn crochan dur mawr yn y cwt allan y berwid y llwyau neu'r dysglau (ond nid wrth olchi dillad neu wneud bwyd i'r moch!). Teflid dyrneidiau o halen i'r dŵr – credid fod hyn yn gwella blas y pren.

Gorffeniad

Ni fyddai'n rhaid brysio i orffen y llwyau ar ôl iddynt sychu ac yn aml iawn byddai pentwr o lwyau'n ymdyrru cyn y byddent yn cael eu gorffen. Ystyrid mai'r gwaith terfynol hwn oedd y cam hawsaf, rhywbeth y gallai'r gwneuthurwr ei gwblhau pan na fyddai'n teimlo'n rhy dda – oherwydd salwch, neu am ei fod wedi cael diferyn o gwrw'n ormod y noson gynt! Byddai'n well gan gerfwyr llwyau gadw hen daclau ar gyfer y gwaith hwn; credent fod llafnau wedi gwisgo yn rhoi gorffeniad mwy graenus i'r llwy.

Byddai'r camau olaf hyn yng ngorffeniad y llwy yn dibynnu ar gyflwr y llwy wrth iddi sychu a dim ond llygad profiad allai ddweud faint o wastraff i'w adael ar gyfer hyn-a-hyn o ystumio a 'thynnu' wrth ei siapio'n derfynol.

Y cam cyntaf yng ngorffeniad llwy oedd ei naddu'n ysgafn ar ei hyd â rhasgl er mwyn unioni unrhyw gamystumiau ac i lyfnu graen garw neu anwastad. Y teclyn gorau i sythu coesau llwyau coginio a lletwadau mawr oedd plaen â llafn miniog.

Ni fyddai llwyau at ddefnydd bob dydd y cartref yn cael eu llyfnu â phapur gwydrog ac yn sicr ddigon ni chaent eu caboli hyd yn ddiweddar. Roedd gorffeniad 'nadd' yn ddigonol – byddai gorffeniad cain yn diflannu unwaith y rhoddid y llwy mewn dŵr poeth, sef dull y cyfnod o ddiheintio llestri pren y cartref. Câi llwyau â gorffeniad 'nadd' yn unig eu gwerthu hyd nes i boblogrwydd y grefft gilio yn niwedd y 1930au a dim ond yn ddiweddar y dechreuwyd defnyddio papur sgrafellu a chwyr neu bolish.

Ers y 1930au, heblaw am ambell eithriad megis arddangosfa mewn ffair grefftau, yr unig fan ble gwelid cerfiwr llwyau traddodiadol wrth ei waith oedd yn Amgueddfa Werin Cymru a pharhaodd felly hyd nes i'r gweithdy yno gau yn 1999. Bryd hynny gellid defnyddio'r llwyau gorffenedig yn y cartref er mai eu prynu i'w harddangos a wnâi mwyafrif y casglwyr llwyau. Roedd hi'n anos plesio'r cwsmeriaid hyn gyda gorffeniad y llwyau. Byddai angen defnyddio papur sgrafellu meinach yn ogystal â rhyw fath o gŵyr neu bolish. Y peth gorau ar gyfer hyn oedd ychydig o olew coginio neu'r mathau newydd o olewon caboli a ddaeth ar y farchnad.

4. *Cynllun a dull*

Mae'r darnau o lwyau a ddarganfuwyd yn anheddau llyn Ynys Wydrin o gyfnod cynnar Oes yr Haearn yn dangos tarddiad cynllun y mwyafrif o lwyau Cymreig hyd at ddirywiad y grefft yn niwedd y 1930au. Wrth gloddio yno rhwng 1892 ac 1910 darganfuwyd amrywiaeth eang o ddarnau o gelfi pren. Gobeithid darganfod rhagor o lwyau ac offer wedi'u turnio wrth gloddio mewn mannau megis Llyn Syfaddan yng Nghymru ond nid felly y bu. Fodd bynnag, mae llwyau a darnau o gelfi pren o hen gartrefi Ewropeaidd eraill yn cadarnhau na fu llawer o newid yng nghynllun y llwy dros ddwy fil o flynyddoedd.

Ar ôl dod i arfer ag un cynllun ymarferol byddai cerfiwr llwyau yn cadw at hwnnw am gyfnod maith, yn wahanol i grochenwyr a gwneuthurwyr dodrefn a gâi eu dylanwadu gan ffasiwn a chynlluniau newydd y dydd. Wrth heneiddio deuai cerfwyr yn fwy amharod fyth i newid eu cynlluniau, gan eu trosglwyddo i brentisiaid a pherthnasau a fyddai yn eu tro yn eu trosglwyddo i'w prentisiaid a'u perthnasau hwythau. Er na newidiai'r cynlluniau sylfaenol fawr ddim, dros ganrif a mwy ambell waith, dechreuodd gwahanol ardaloedd ddatblygu eu cynlluniau unigryw eu hunain ond ni ddylanwadodd newidiadau allanol ar y grefft o gerfio llwyau cymaint ag y dylanwadwyd ar grefftau eraill.

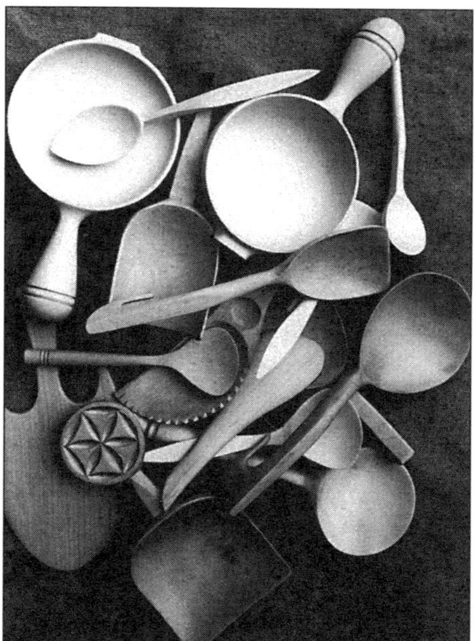

Enghraifft o lwyau cegin o bren masarn

Ni cheid fawr o amrywiaeth yng nghynlluniau hen offer pren ar gyfer y cartref o ardal i ardal a gwelir yr ychydig gynlluniau gwahanol sydd ar gael ymhlith y llwyau bwyta. Yn wahanol i fathau eraill o lwyau, gwneuthurwyr unigol, rhan amser fyddai'n cynhyrchu'r rhain fel arfer – gwneuthurwyr a gâi eu dylanwadu gan wahaniaethau bychain mewn cynlluniau eraill y digwyddent ddod ar eu traws.

Byddai'r rhan fwyaf o'r gwahaniaethau i'w gweld yng

nghoes y llwyau. Coes grom a briodolid i gynllun Sir Benfro, tra bod llwy debyg iddi gyda choes wastad yn draddodiadol yn Sir Gaerfyrddin. Ni ymddengys fod cynlluniau neilltuol yn perthyn i Geredigion: roedd crefftwyr yr ardal honno yn ddigon bodlon defnyddio cynllun pa bynnag ardal oedd agosaf atynt.

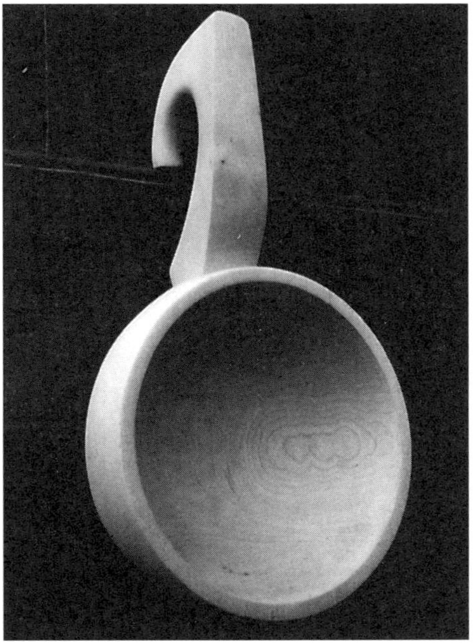

Llwy fasarn draddodiadol ar gyfer codi llaeth enwyn

Mae'n anodd diffinio'r gwahaniaethau rhwng ardal ac ardal mewn mannau eraill yng Nghymru – er enghraifft, nid oedd canolfannau turnio wedi sefydlu yng ngogledd Cymru. Yng nghyfrol Iorwerth Peate, *Y Crefftwr yng Nghymru*, sy'n astudiaeth o grefftwyr gwledig hyd at y 1920au, mae cerfiwr llwyau o Sir Gaernarfon yn disgrifio un math o lwy a naddwyd ganddo, sef llwy tair trawiad, gan fod iddi bant bychan yn y goes a phan gâi ei gosod ar ei hyd byddai'r llwy yn cyffwrdd wyneb y bwrdd mewn tri lle. Disgrifiad John Jones, y cerfiwr, o'r llwyau hyn oedd: 'Nid coes union sydd ganddynt ond trawant dair gwaith – ymhob pen ac ar y canol {h.y. o'u gosod wyneb i waered, ni chyffyrddant â'r bwrdd ond mewn tri lle]. Ni fyddant yn ei chyfrif yn llwy safonol heb ei bod yn taro dair gwaith.'

Byddai'r mwyafrif o lwyau at ddefnydd y cartref yn cael eu cerfio'n gyfan gwbl â llaw heb gymorth peiriannau mecanyddol, er bod ychydig amrywiadau'n rhannol gael eu turnio. Nid oedd gan bob gwneuthurwr llwyau rhan amser durn droed neu durn ddŵr – yn hytrach defnyddient durn gangen a oedd yn hen ddigon da ar gyfer gwneud y rhan fwyaf o lwyau. Un dull poblogaidd oedd turnio amlinell llwy gyfan, llifio ar hyd y canol i gael llwy o'r naill ochr a'r llall ac yna cafnu'r ddwy â llaw, ond roedd y dull hwn yn gwbl ddieithr i durnwyr Cymreig. Ni ddefnyddient jigiau na mowldiau cymhleth ychwaith er mwyn turnio llwy gyfan heb unrhyw offer cerfio llwyau traddodiadol. Yn ystod y deng mlynedd ar hugain i ddeugain mlynedd diwethaf adfywiwyd y grefft o durnio pren a daeth peiriannau cymhleth o'r fath yn boblogaidd iawn, ond ni ddefnyddiodd turnwyr a gwneuthurwyr llwyau Cymreig traddodiadol mohonynt erioed.

Wrth wneud coes llwy y gwneid y defnydd helaethaf o'r durn ond a dweud y gwir ni ellid cyfiawnhau hynny ar sail cyflymder na harddwch y cynllun. Ni ellir cymharu'r llwyau pren a gynhyrchir mewn ffatrïoedd heddiw â chynnyrch cain cyfnod aur y cerfwyr llwyau traddodiadol.

Arferai arbenigwyr celfi pren bychain at ddefnydd y cartref honni bod gwaith cerfwyr 'Prydeinig' yn salach na gwaith cerfwyr cyfandir Ewrop, ond mae'n gred gyffredinol bellach nad yw hyn yn wir. Mae'r llwyau a gerfiwyd gan Gymry cystal, os nad yn well, na llawer o'r rhai a gynhyrchwyd ar y cyfandir.

Roedd hi'n ddigon hawdd gosod llwy wedi ei bras naddu mewn turn a throi'r handlen ond anfantais hyn oedd na ellid rhoi'r gwaith yn ôl ar y peiriant eilwaith er mwyn ei orffen, oni bai fod darn bychan o wastraff wedi ei adael ar flaen y llwy. Byddai'n rhaid turnio dysgl â choes hefyd a hynny drwy ddefnyddio turn echel a thurn dalcen a fyddai'n beryglus iawn os nad oedd modd rheoli cyflymder y peiriant. Gan fod turn bawl yn symud yn ôl ac ymlaen wrth droi, fe allai'r peiriant hwnnw durnio dysgl gyfan hyd at ei huniad â'r goes, ond fe ymddengys mai turnio'r tu mewn, yr ymyl uchaf a gwaelod y ddysgl a'r goes â pheiriant a gorffen y gweddill â llaw a wnâi'r mwyafrif o wneuthurwyr dysglau a ddechreuodd gerfio llwyau hefyd.

Defnyddid dysgl draddodiadol â choes wedi'i gwneud gan y turniwr Cymreig i ddal llaeth enwyn ers talwm. Er mwyn cael dysgl tua 12 modfedd (30cm) o hyd byddai'n rhaid cael rhediad o 16 modfedd (40cm) o leiaf uwchben y turn. Er ei fod yn eitha rhediad, ni fyddai'n uchder anghyffredin uwchlaw turn bawl a thurn olwyn. Ambell waith byddai'r ddysgl a'r goes yn cael eu troi ond byddai coes y lletwad llaeth enwyn draddodiadol, gyda bachyn ar ei phen, yn cael ei cherfio â llaw. Nodwedd ddiddorol arall ar y lletwad llaeth enwyn oedd dyfnder cyfartal y ffiol a'r bachyn fel na fyddai llwy lawn yn troi pan gâi ei rhoi ar fwrdd gwastad.

Pan ddaeth offer salad yn bethau poblogaidd i'w cerfio yn negawd cyntaf yr ugeinfed ganrif, dynwared y cynlluniau traddodiadol a wnâi'r cerfwyr a chynhyrchu dwy lwy fwyta hardd o un llwy fwy gyda dannedd mawr fel dannedd fforc. Byddai'n well ganddynt ddefnyddio pren caled, tywyll megis pren bocs a phren y gelynnen i wneud y rhain ond pethau i'w harddangos oedd y mwyafrif o'r llwyau salad, gyda chadwyn megis cadwyn llwy garu yn cysylltu'r ddwy lwy at ei gilydd.

Roedd cymysgwyr yn boblogaidd iawn yn y 1950au a'r 1960au ac yn bethau hawdd i ddechreuwyr eu cerfio am nad oedd angen defnyddio cyllell beryglus i gafnu'r pren. Yn ôl y sôn, roedd cynllun arbennig yn perthyn i'r 'cymysgwr traddodiadol' ond gan nad oes llawer o'r hen gymysgwyr wedi goroesi, mae'n amhosib cadarnhau hynny.

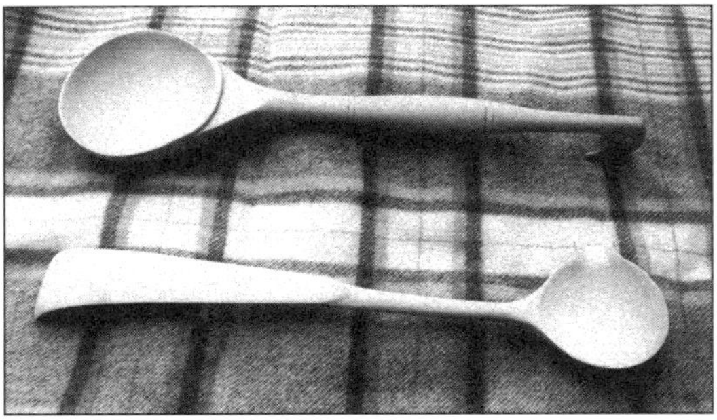

Copïau o ddwy letwad
(uchaf) Seisnig gyda choes wedi'i thurnio o gasgliad Pinto
(isaf) lletwad anarferol gyda phig tywallt, Amgueddfa Ceredigion

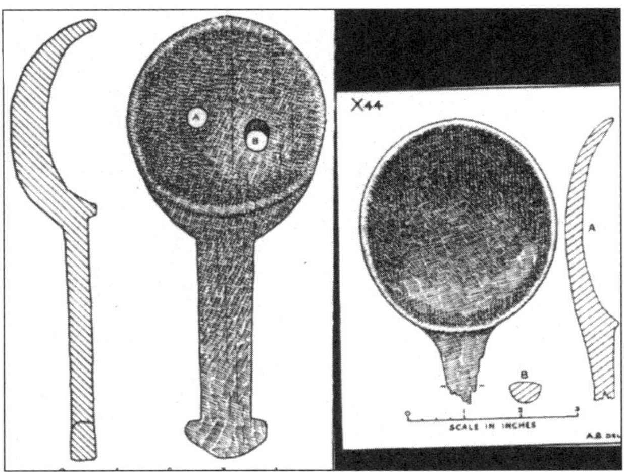

Llwyau cegin wedi'u darganfod mewn anheddau llyn Oes yr Haearn Gynnar yn yr Ynys Wydrin (Glastonbury), 1892-1910

5. *Marchnata*

Yn gyffredinol ni fyddai disgwyl i lwyau pren, a llwyau bwyta yn enwedig, bara cyhyd â llwyau metel. Waeth pa mor dda y gofalwyd amdanynt, byddai llwyau bwyta yn treulio a hynny'n sicrhau galw cyson am rai newydd a werthid mewn ffeiriau a marchnadoedd lleol. Byddai oes lletwadau, llwyau coginio ac offer eraill megis llwyau menyn na ddefnyddid cyn amled yn llawer hwy, ond oherwydd eu bod yn bethau a ddefnyddid yn ddyddiol yn y cartref rhaid oedd cael llwyau bwyta newydd tua unwaith y flwyddyn.

Mewn ffeiriau a marchnadoedd yr arferid prynu a gwerthu cynnyrch yng nghefn gwlad Cymru ers talwm ac efallai ei bod yn fwy o reidrwydd ar y turniwr nag ar grefftwyr eraill i fynd â'u cynnyrch at y cwsmer, oherwydd anaml iawn yr âi'r prynwr yn uniongyrchol i'r gweithdy.

Digwyddiadau achlysurol o fewn y flwyddyn oedd ffeiriau ond fe gynhelid marchnad wythnosol, a hynny ar ddyddiau gwahanol mewn cylch o tua deg ar hugain i ddeugain milltir, yn y mwyafrif o drefi Cymru. Byddai'n rhaid i'r sawl oedd yn dymuno gwerthu ei gynnyrch i gwsmeriaid o ardal eang adael y tŷ yn blygeiniol gan ddychwelyd yn hwyr gyda'r nos. Mae maint y llwyth a gâi ei gludo i'r marchnadoedd gan wahanol durnwyr a cherfwyr llwyau (gan amlaf byddai'r ddau yr un un) yn llawer mwy na'r gred gyffredin: er enghraifft, cludai William Rees, Henllan, gŵr adnabyddus yn y 1920au a'r 1930au, dros gant o lwyau a lletwadau amrywiol yn ogystal ag offer wedi'u turnio i farchnadoedd tair o siroedd gorllewin Cymru.

Ar ddiwedd y dydd gellid gwerthu peth o'r cynnyrch oedd heb ei werthu yn y farchnad i siopau lleol, a hynny am bris adwerthol mae'n debyg, ond roedd pris llwyau mor rhad a'r elw a wnâi'r siopwr mor isel nad oedd fawr o werth iddo werthu'r cynnyrch. Yr unig golled a wnâi'r crefftwyr wrth werthu eu cynnyrch i ganolfannau adwerthu oedd pris cludo'r nwyddau i'r trefi mawrion. Roedd yr arian a gâi'r crefftwyr gan siopau'r trefi hyn tua'r un faint â'r prisiau a godent eu hunain yn y marchnadoedd lleol. Yn ystod y 1930au, pan oedd y fasnach yn dirywio, gwerthai William Rees a'r brodyr Davies eu cynnyrch i rai o siopau mwyaf Llundain, ond dysglau oedd y rhan fwyaf o'r nwyddau. Mewn marchnadoedd lleol y gwerthid llwyau.

Mae'n amlwg na ellid ennill bywoliaeth drwy gerfio llwyau'n unig ac felly byddai'n rhaid i'r cerfiwr ychwanegu at ei gyflog drwy werthu nwyddau wedi'u turnio. Yn y 1930au gwerthid llwyau am:

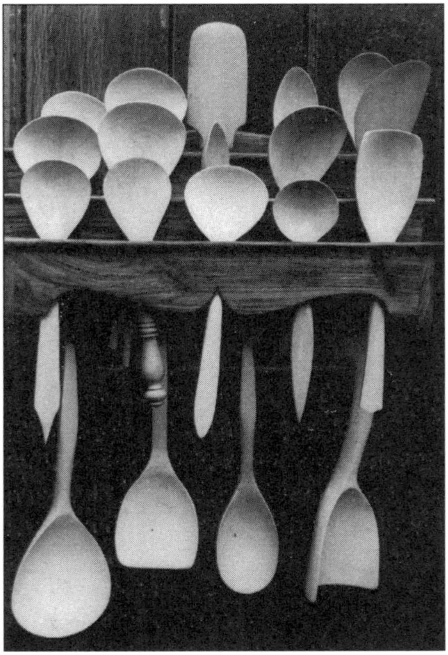

Casgliad o lwyau cegin traddodiadol Cymreig o bren celyn

Llwyau cawl	1/6 (tua 8c)
Llwyau coginio	3/- (tua 15c)
Lletwadau	rhwng 6/- a 10/- (tua 30-50c)

Sylwer mai pris dwsin o lwyau oedd yr uchod, a hynny am brynu llwyth. Awgryma hyn fod swmp go dda o lwyau yn cael eu gwerthu i adwerthwyr a masnachwyr yn ogystal ag i unigolion.

Ni fyddai nwyddau'n cael eu cynhyrchu pan fyddai'r crefftwr yn mynychu ffair, oni bai bod rhywun yn cynorthwyo yn y gweithdy. Fe ymddengys fod y rhan fwyaf o fusnesau teuluol bychain yn llwyddo i gynhyrchu nwyddau er nad oedd y meistr gartref ac mae'n anodd deall sut y llwyddai pob un crefftwr i gael amser i gerfio os oeddent yn mynychu nifer o farchnadoedd bob wythnos. Byddai'r mwyafrif ohonynt yn gweithio hyd at ddeg awr y dydd, chwe diwrnod yr wythnos i gadw deupen llinyn ynghyd. Roedd yn rhaid arallgyfeirio er mwyn goroesi a byddai ychydig aceri o dir a sawl cynnyrch gwahanol arall yn talu'n well nag offer pren ar gyfer y cartref.

Llwyddodd yr Ail Ryfel Byd i ladd yr holl fusnesau cerfio nad oedd eisoes wedi dod i ben o ganlyniad i ddirwasgiad y 1930au. Erbyn blynyddoedd olaf y 1940au dim ond ambell wneuthurwr llwyau rhan amser oedd ar ôl a'r mwyafrif o'r rheiny yn cynhyrchu nwyddau ar gyfer archebion penodol ac ar gyfer arddangosfeydd a chystadlaethau.

Pan agorwyd Amgueddfa Werin Cymru yn Sain Ffagan ger Caerdydd yn 1948, cynigiodd yr awdurdodau swydd i W. R. (Bill) Evans, un o'r ychydig durnwyr pren a oedd ar ôl yng nghefn gwlad Cymru bryd hynny. Roedd Bill wedi dysgu ei grefft, gan gynnwys cerfio llwyau traddodiadol at ddefnydd y cartref, yng ngweithdai Aber-cuch. Yn ogystal ag arddangos ei dechnegau gwaith, disgwylid iddo addysgu prentisiaid hefyd ond gadawodd y mwyafrif o'r rheiny'n fuan ar ôl dechrau, heb ddysgu fawr o hanfodion y grefft.

Ni cheisiodd yr amgueddfa wneud elw o gynhyrchu llwyau nac unrhyw nwyddau eraill ond fe werthai lwyau o safon am bris a oedd yn cystadlu'n ffafriol iawn â nwyddau ffatri cyffredin y cyfnod. Ym mlynyddoedd cynnar y 1950au roedd prisiau'r llwyau fel a ganlyn:

Llwyau bwyta bychain	2/6 (12c)
Llwyau coginio	3/- (15c)
Lletwadau	5/- (25c)

Pris un llwy yw'r uchod y tro hwn.

Tair punt yr wythnos fyddai cyflog dechreuol prentis, gan godi i bedair punt ar ôl dwy flynedd. Petai'n gallu gwneud un llwy gawl mewn tua awr a hanner a gweithio deugain a phedair o oriau'r wythnos, gallai gynhyrchu digon i dalu ei gyflog. Erbyn 1960 nid oedd yr un cerfiwr llwyau arall ar ôl yng Nghymru, er bod galw cyson am y cynnyrch ar gyfer ymwelwyr o dramor a ddymunai brynu llwyau yn anrhegion i fynd gartref gyda nhw. Yn achlysurol byddai pobl mewn oed a oedd yn dal i fwyta cawl â llwy bren yn prynu un, ond gan gwyno am y pris a oedd erbyn hyn wedi codi i:

Llwyau cawl	8/- (40c)
Lletwadau	15/- (75c)

Yn y 1970au cynnar, 75c fyddai llwy fwyta fechan a lletwad yn £1.50 – prisiau llawer rhy isel i sicrhau elw rhesymol i'r gwerthwr.

Erbyn hyn roedd mynd mawr ar y farchnad dwristaidd a dechreuwyd agor siopau crefftau i ateb y galw am nwyddau Cymreig *quaint*. Serch hynny, gwan iawn fu deffroad y grefft o gerfio llwyau at ddefnydd y cartref: roedd mwyafrif y crefftwyr medrus yn canolbwyntio ar gynhyrchu llwyau caru addurnol erbyn hyn. Ond hwn oedd y cyfnod pan ddechreuodd yr 'hipis' a'r

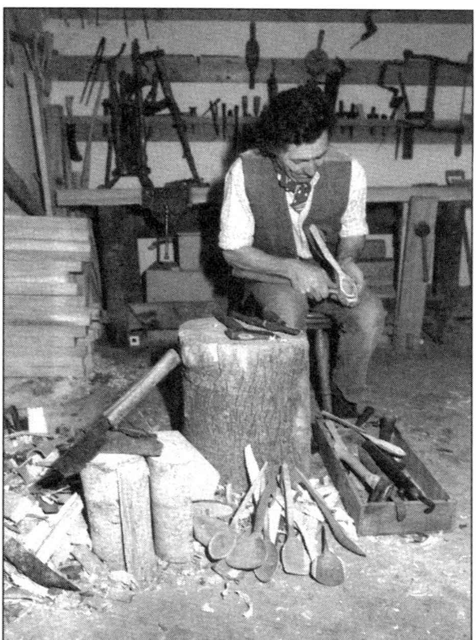
Cerfio llwyau yn Amgueddfa Werin Cymru, dechrau'r 1980au

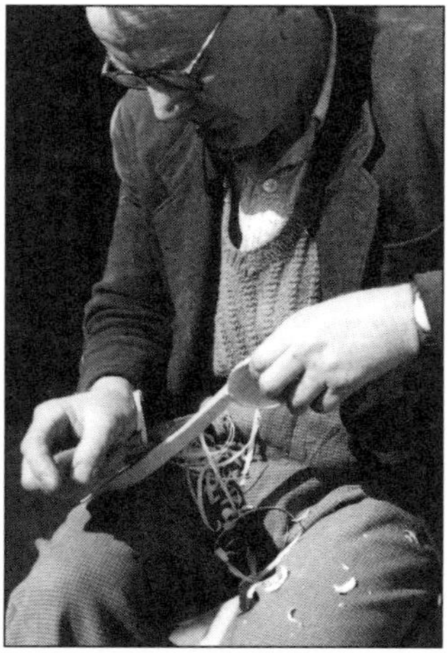

W. R. Evans yn naddu llwy yn Amgueddfa Werin Cymru, 1959

bobl hynny a ddymunai fyw'n hunangynhaliol gael eu denu i gefn gwlad Cymru. Nid peth hawdd oedd byw oddi ar gynnyrch y tir yn unig serch hynny ac felly dechreuodd y mewnfudwyr droi eu llaw at grefftau gwledig er mwyn ennill mwy o arian, ac roedd cerfio llwyau yn un o'r crefftau hynny.

Cymerodd rhai y gwaith o ddifri gan sefydlu gweithdai bychain i gynhyrchu pob math o offer pren at ddefnydd y cartref, ond methu wnaeth ymdrech y mwyafrif i wneud llwyau yn y dull traddodiadol gan ddefnyddio dim ond ychydig o daclau gwaith. Heb wybod dim am y grefft a heb fawr o sgiliau gwaith coed, methiant echrydus fu'r rhan fwyaf o'r ymdrechion i wneud llwyau y gellid eu gwerthu.

Cyn adfywiad diweddar y sioeau crefftau, drwy'r farchnad adwerthu y gwerthai'r rhan fwyaf o wneuthurwyr eu cynnyrch, waeth beth oedd eu crefft, a hynny gan ddioddef gweld gwerthwyr yn gwneud elw o gant y cant ar brydiau. Gwerthid llwy fwyta fechan am tua dwy bunt yr un yn y siopau hyn a daeth ceisio cynhyrchu llwy am bunt yn fwy aneconomaidd na cheisio cystadlu â'r llwyau ffatri yn y 1930au hyd yn oed.

Erbyn hyn mae pren masarn wedi hen golli ei blwyf fel y pren a ddefnyddir i gerfio llwyau â llaw. Prennau llawer iawn mwy lliwgar sydd hefyd yn llawer iawn drytach i'w prynu ac sy'n cymryd mwy o amser i'w trin a ddefnyddir heddiw, gan fod mwyafrif y llwyau a gynhyrchir yn cael eu prynu at ddibenion addurno yn hytrach nag i'w defnyddio'n ymarferol yn y cartref.

Ar ddechrau'r unfed ganrif ar hugain, tua phum punt yw pris llwy gawl o wneuthuriad da, os gellir dod o hyd i un.

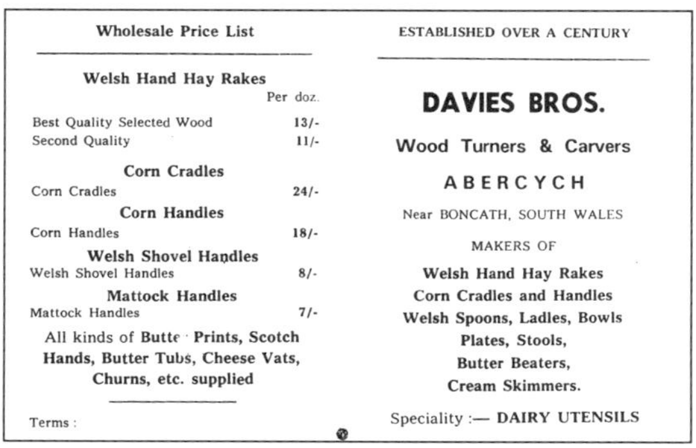

Wholesale Price List

Welsh Hand Hay Rakes

	Per doz.
Best Quality Selected Wood	13/-
Second Quality	11/-
Corn Cradles	
Corn Cradles	24/-
Corn Handles	
Corn Handles	18/-
Welsh Shovel Handles	
Welsh Shovel Handles	8/-
Mattock Handles	
Mattock Handles	7/-

All kinds of Butter Prints, Scotch Hands, Butter Tubs, Cheese Vats, Churns, etc. supplied

Terms :

ESTABLISHED OVER A CENTURY

DAVIES BROS.

Wood Turners & Carvers

ABERCYCH

Near BONCATH, SOUTH WALES

MAKERS OF

Welsh Hand Hay Rakes
Corn Cradles and Handles
Welsh Spoons, Ladles, Bowls
Plates, Stools,
Butter Beaters,
Cream Skimmers.

Speciality :— **DAIRY UTENSILS**

Rhestr brisiau masnachol, Gweithdai Aber-cuch, 1935

Mae'r pris hwn yn is na'r lleiafswm cyflog am awr o waith. Gellir gweithio'n gynt drwy ddefnyddio cylchlif yn hytrach na bwyell i naddu siâp y llwy er enghraifft, ond yn ogystal â bod yn beryglus fe all y cynnyrch terfynol fod yn wannach. Roedd cerfiwr a oedd yn hen law ar ei grefft yn gweithio'n gyflym ac mae'r hen ddywediad 'arfer yw mam pob meistrolaeth' yn wir bob gair, ond byddai'r hen gerfwyr cyflym yn dioddef damweiniau a llu o greithiau ganddynt i brofi hynny. Byddai safon y gwaith yn is o gael ei gwblhau'n gynt ac roedd hi'n anodd cynhyrchu llawer o nwyddau graenus mewn amser byr, yn enwedig os mai dyma fara menyn y cerfiwr, ac nid oedd y cerfiwr llwyau yn eithriad yn hynny o beth. Erbyn heddiw ni ddylid beirniadu cerfwyr am ddefnyddio peiriannau i naddu siâp eu llwyau er mwyn medru gweithio'n gynt. Gwedd allanol y nwyddau pren bychain sy'n cael eu gwerthu a fernir gan amlaf bellach ac nid yw'r modd y gwnaed y nwyddau cyn bwysiced ag yn y dyddiau a fu.

Wholesale Price List

Wooden Spoons

	Per doz.
Small Pointed Hand-made Spoons	1/6
Ordinary Welsh Pat " "	1/9
Pickle and Pudding Spoons	3/- to 6/-
Butter Scoops	3/- to 6/-

Welsh Ladles

Welsh Ladles	5/-, 6/-, 8/-, 10/-

Welsh Bowls

Welsh Bowls	3/-, 4/-, 5/4, 6/-

Plates or Trenchers

Plates or Trenchers	3/-, 4/-, 5/4, 6/-

Handled Bowls

Handled Bowls	12/-

Wholesale Price List

Butter Beaters

	Per doz.
Butter Beaters, 8 in. turned in one piece	13/-
Butter Beaters, 9 in. turned in one piece	15/-

Cream Skimmers

Cream Skimmers, 8 in.	7/-
Cream Skimmers, 9 in.	8/-

Milk Plugs

Milk Plugs	2/6

Cream Stirrers

Cream Stirrers	6/-

Welsh Rd. Stools

Welsh Rd. Stools	12/-, 15/-, 18/-, 21/-

Turned Cheese Vats

Made to Order.

Rhestr brisiau masnachol, Gweithdai Aber-cuch, 1935

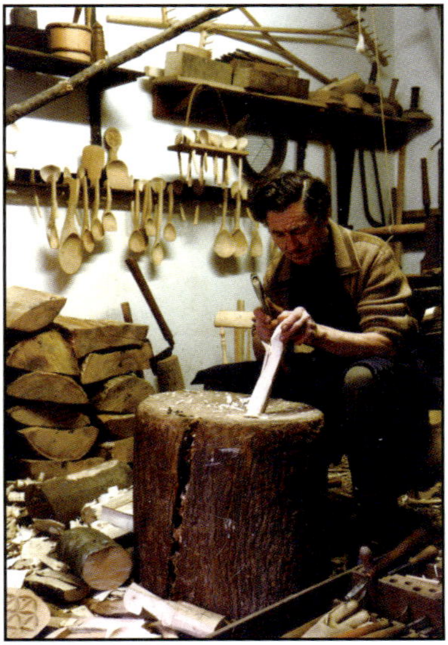

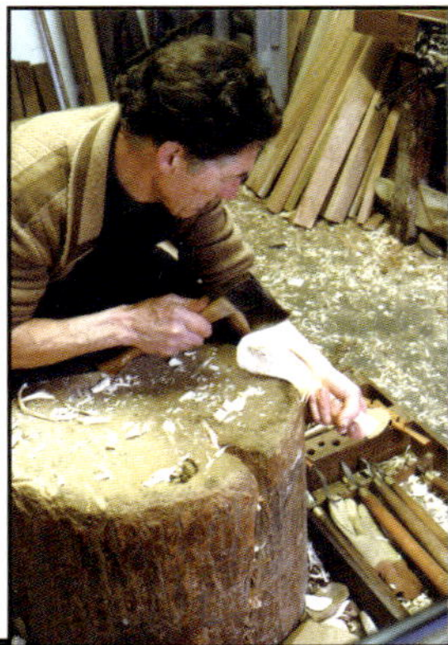

Yr awdur yn dangos y gwahanol gamau wrth naddu llwy gawl

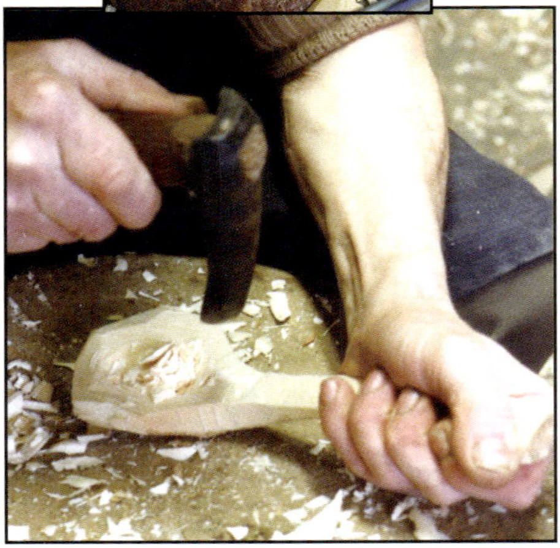

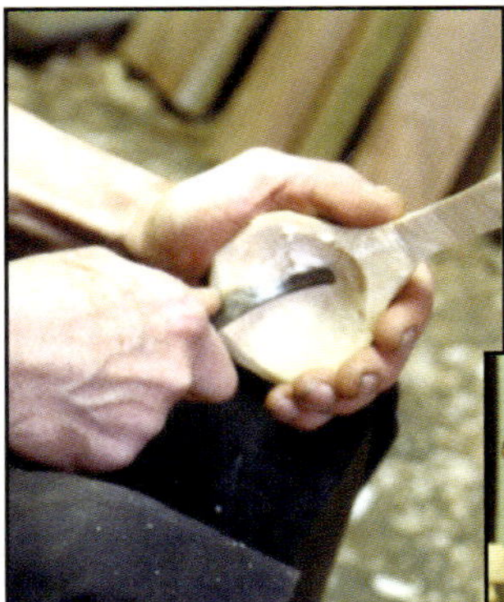

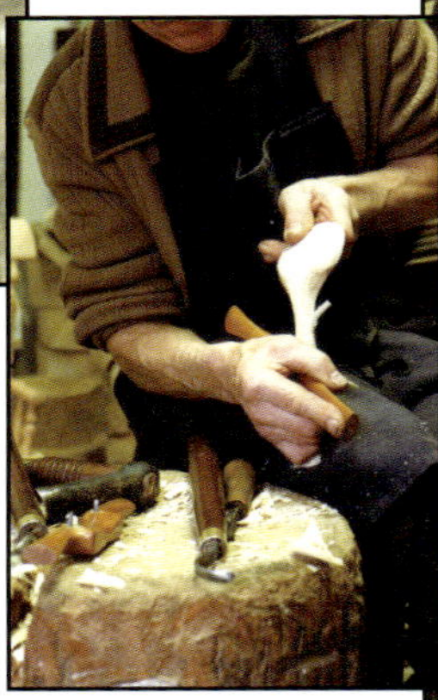

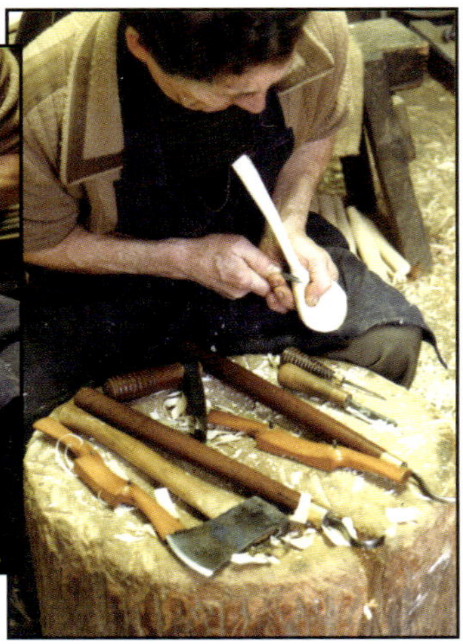

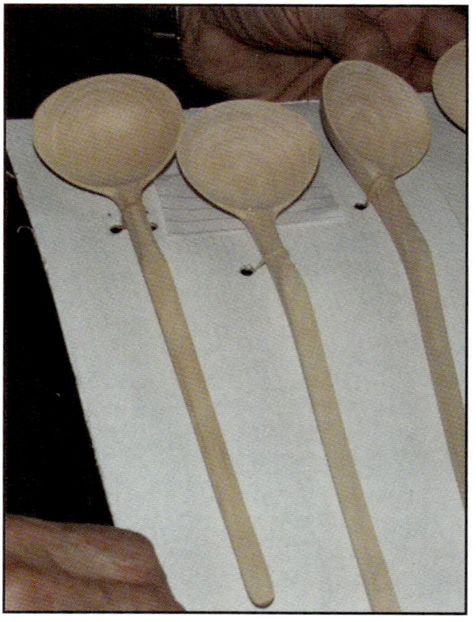

Llwyau traddodiadol gan Andrew Jones, cerfiwr o Lanbed

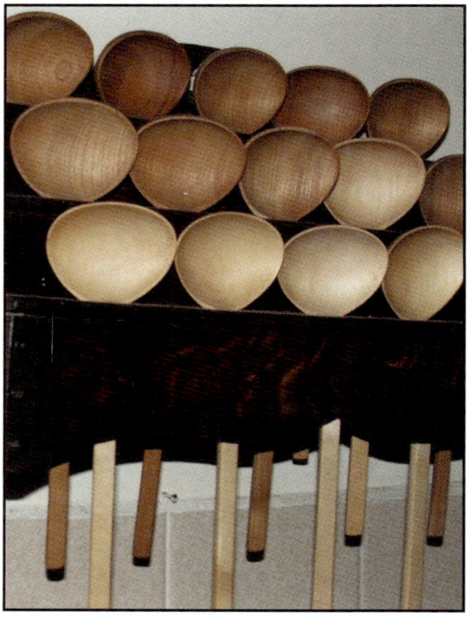

Rac o lwyau gan Andrew Jones

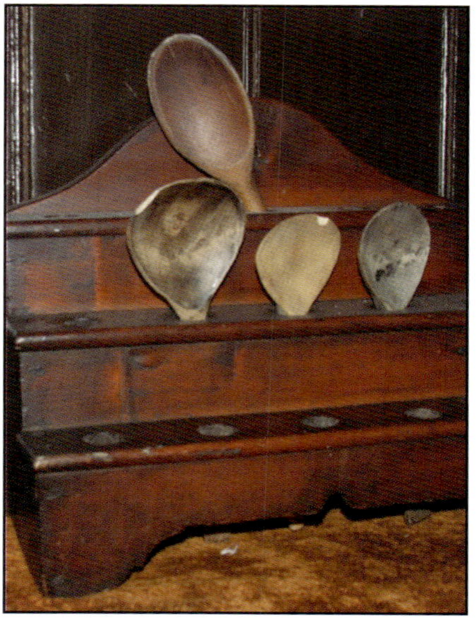

Rac traddodiadol yn Amgueddfa Lechi Cymru, Llanberis

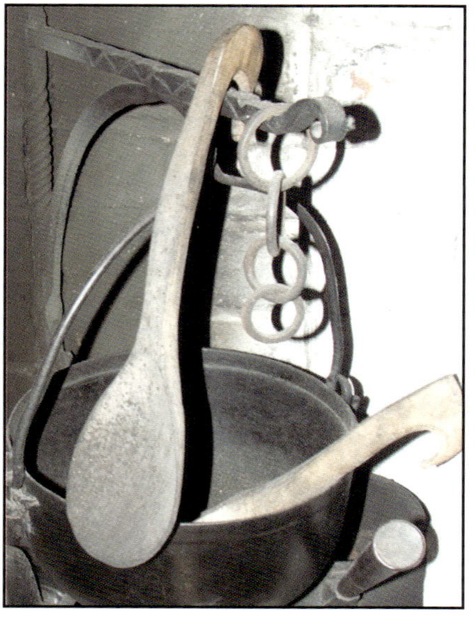

Llwyau crochan traddodiadol yn Amgueddfa Lechi Cymru

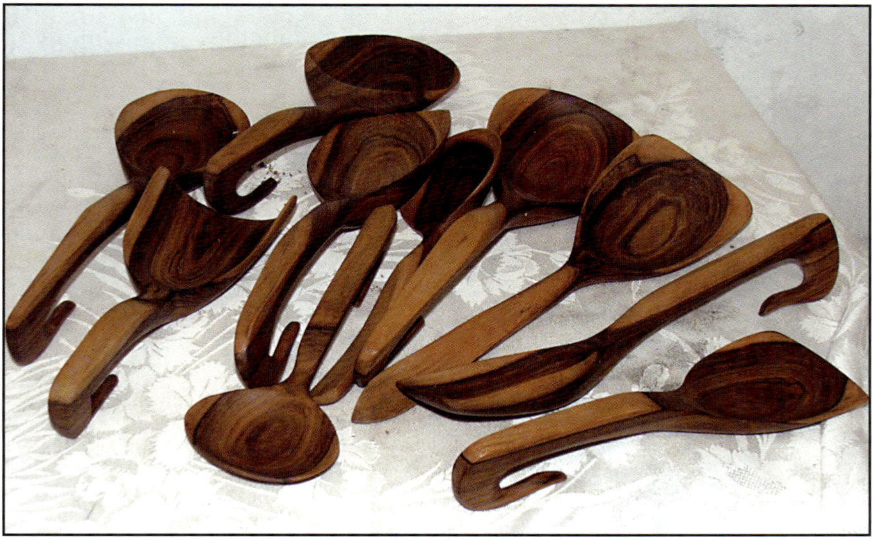

Detholiad o lwyau traddodiadol o waith yr awdur

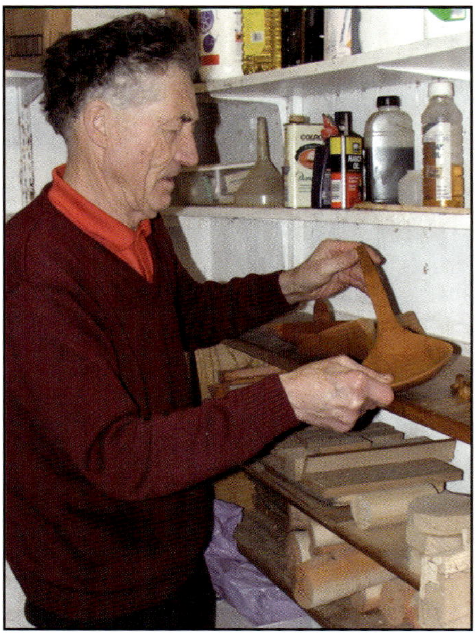

Yr awdur gyda'i lwyau yn ei weithdy ger y tŷ

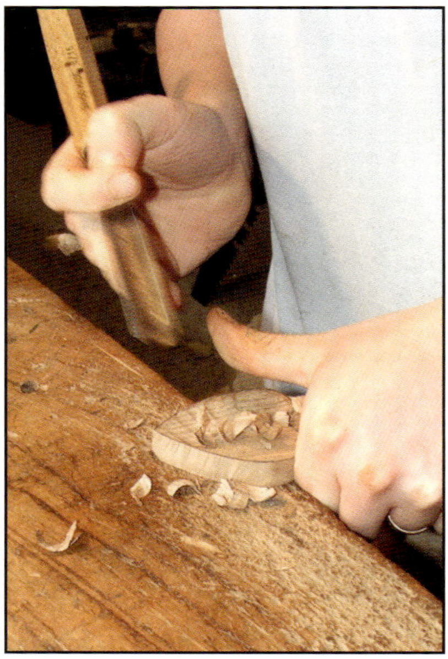

Richard Downes, Abertawe yn naddu cafn llwy garu

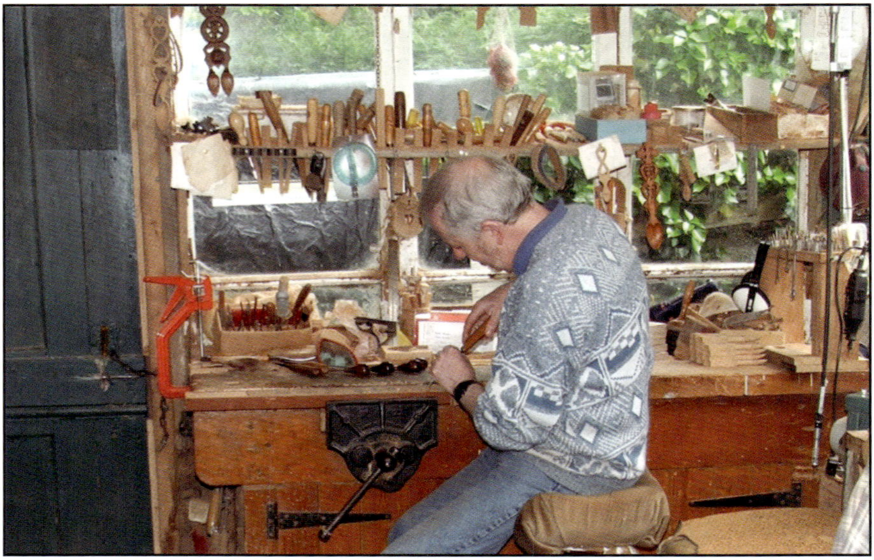

Mike Bartlett yn gweithio mewn cwt yng ngwaelod yr ardd yn Nwygyfylchi.

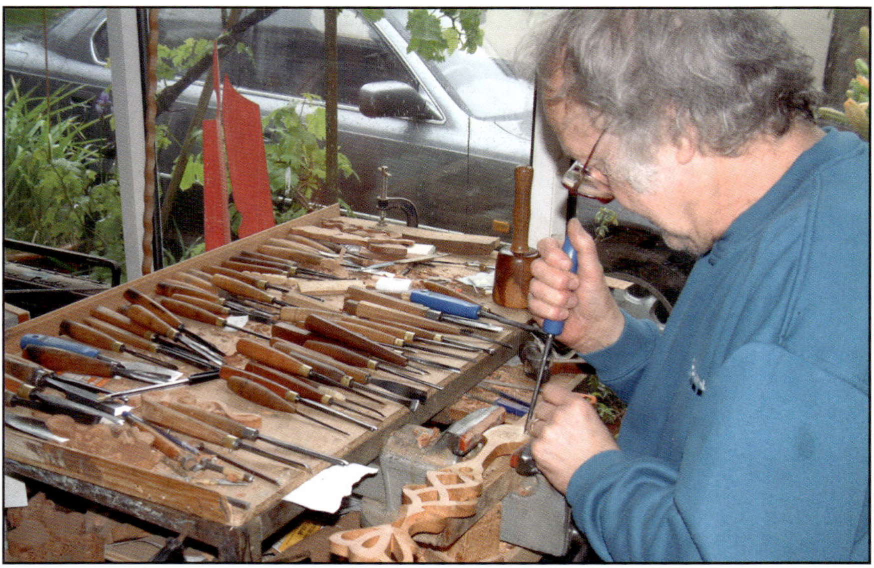

Edwin Williams wrth ei fainc ym Mhontarddulais

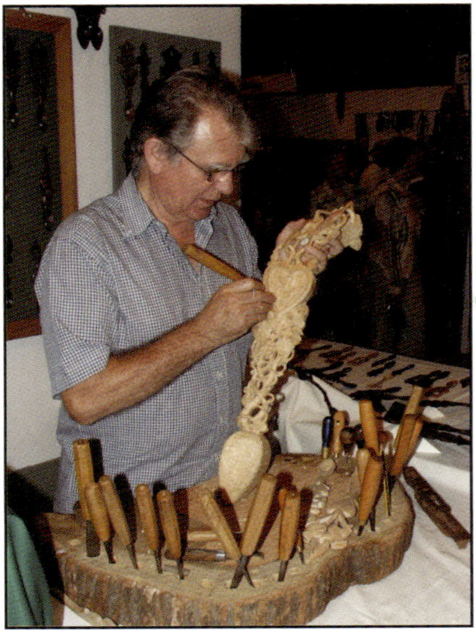

Mike Davies yn cerfio llwy mewn arddangosfa

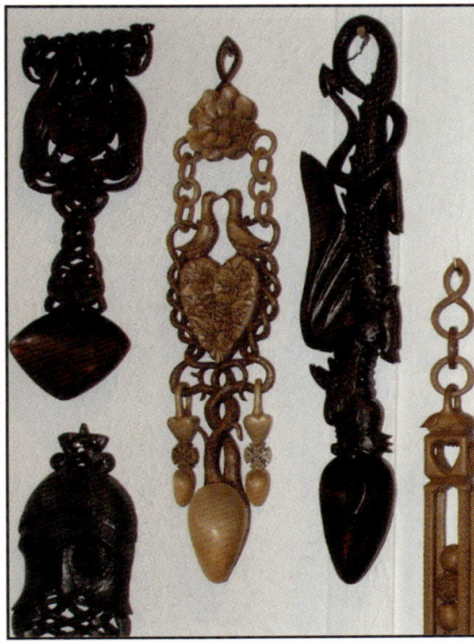

Rhai o lwyau Mike Davies

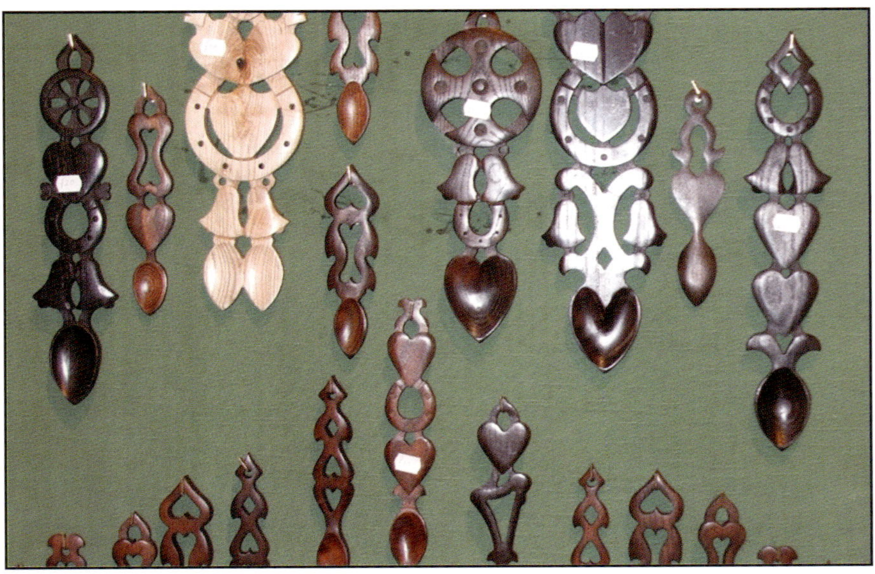

Llwyau mân gan Huw Jones

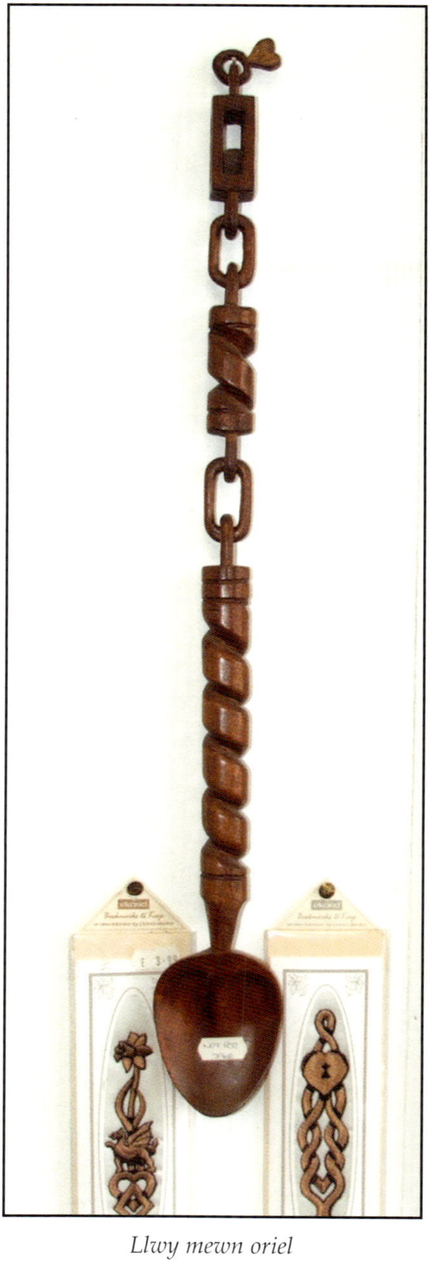

Llwy mewn oriel

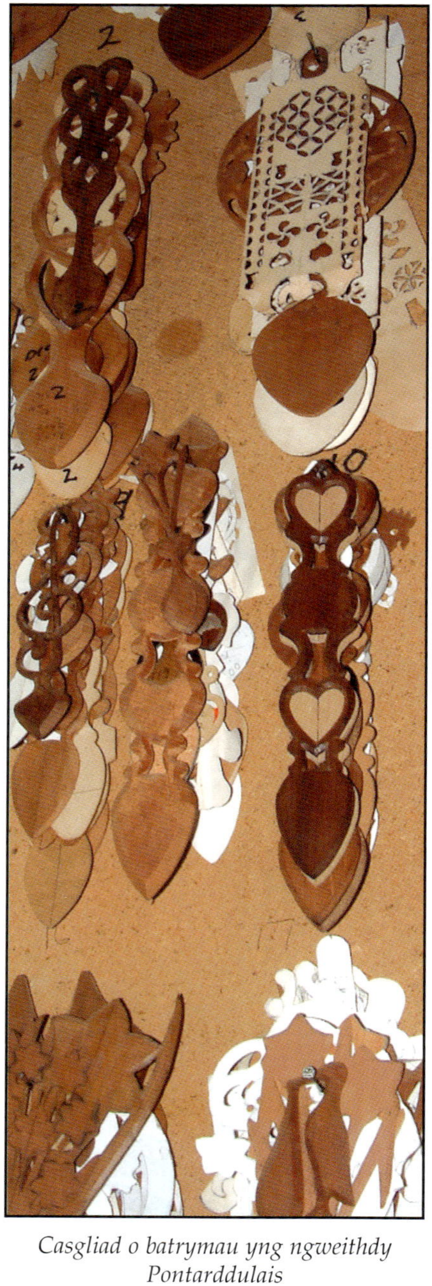

Casgliad o batrymau yng ngweithdy Pontarddulais

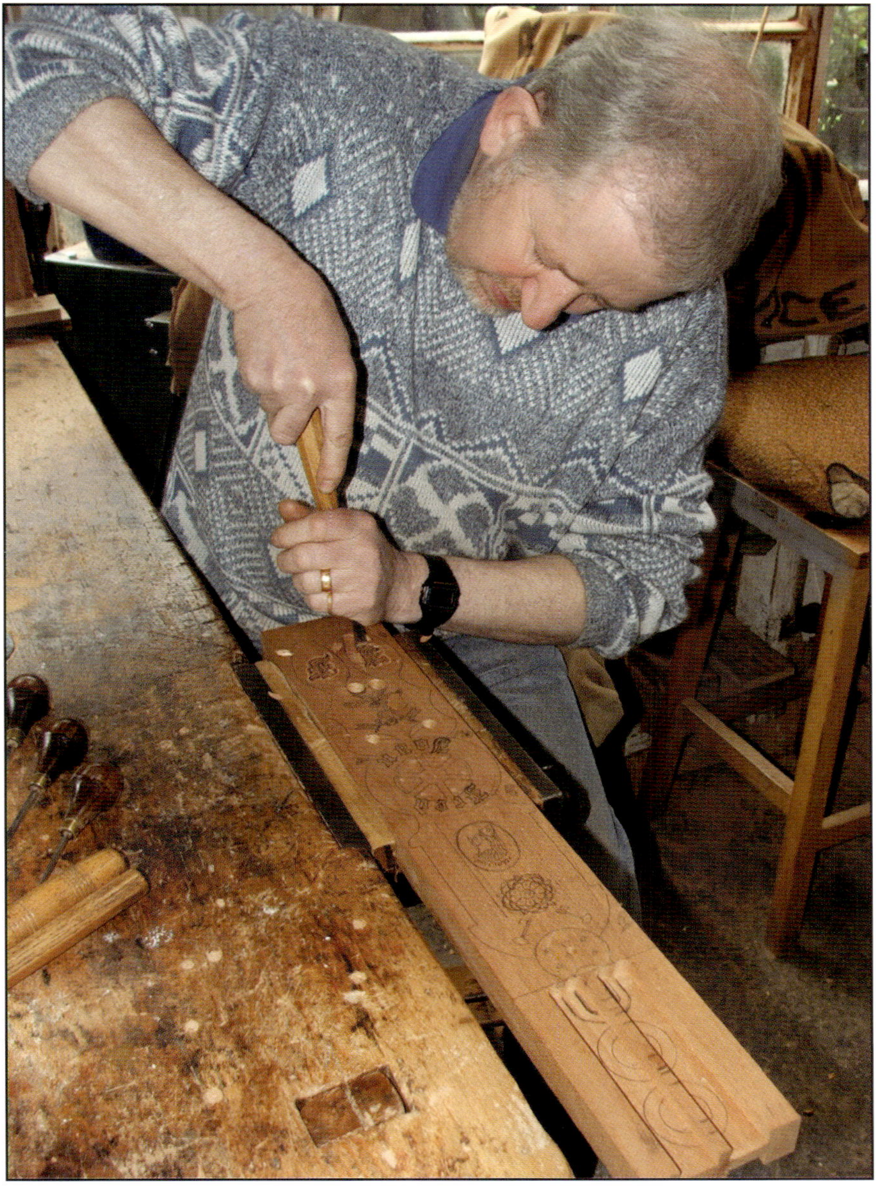

Patrwm wedi'i farcio ar styllen yng ngweithdy Dwygyfylchi

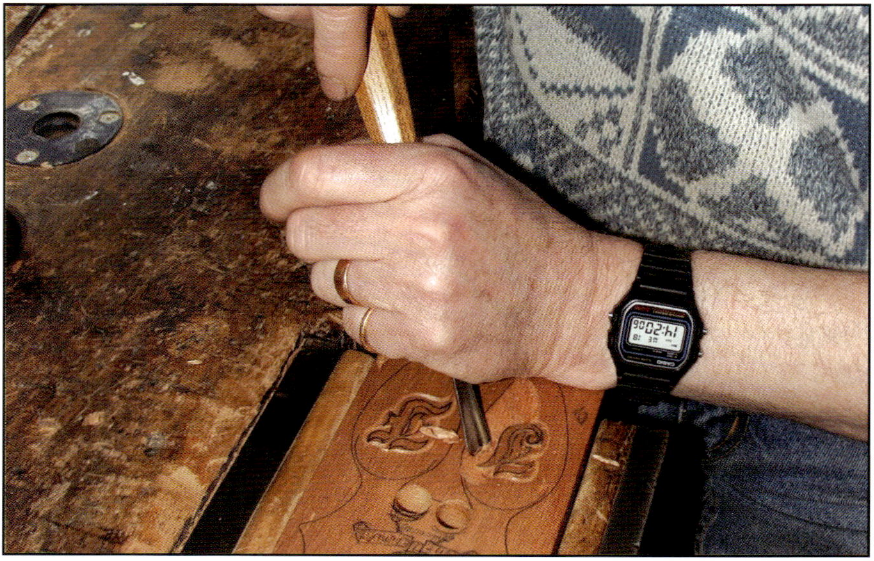

Gofal ac amynedd wrth naddu'r partymau cywrain

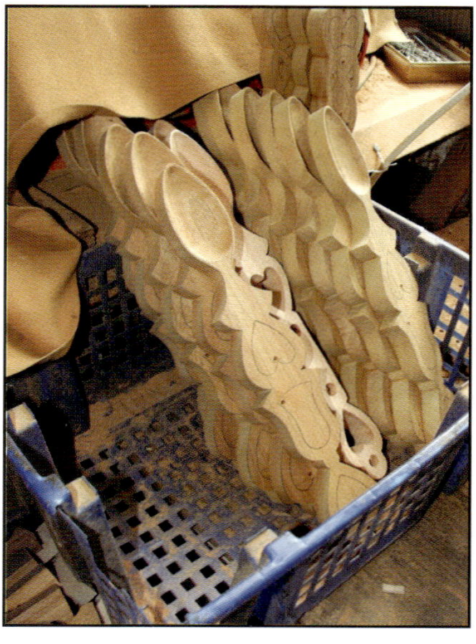

Llwyau ar eu hanner

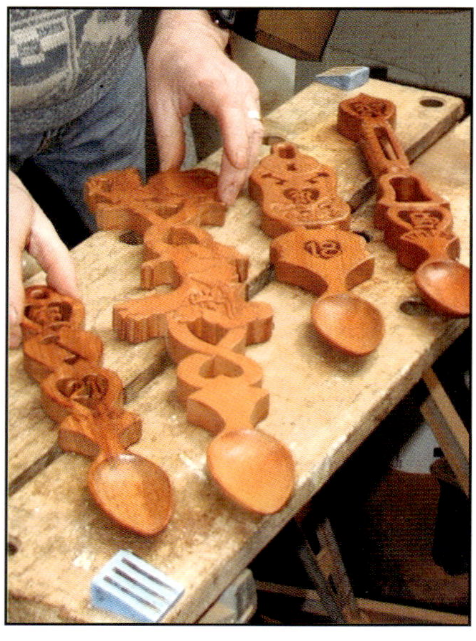

Comisiynau gorffenedig

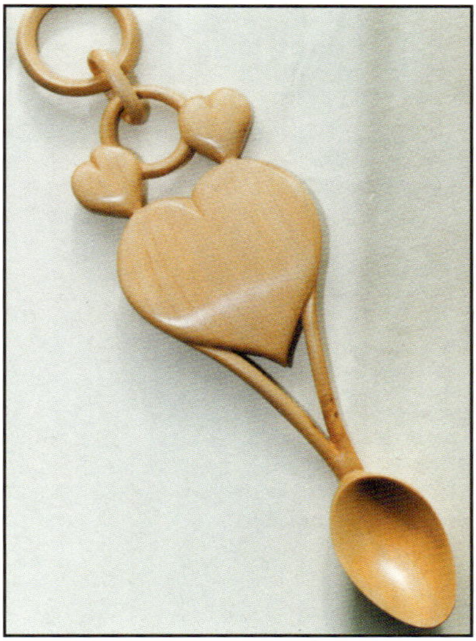

Un o lwyau Siôn Llewellyn

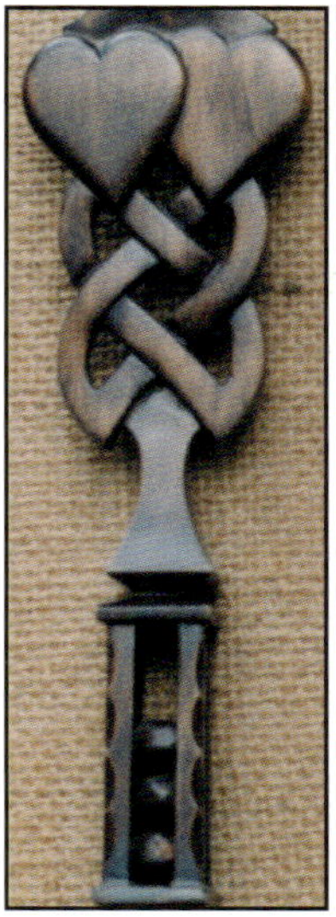

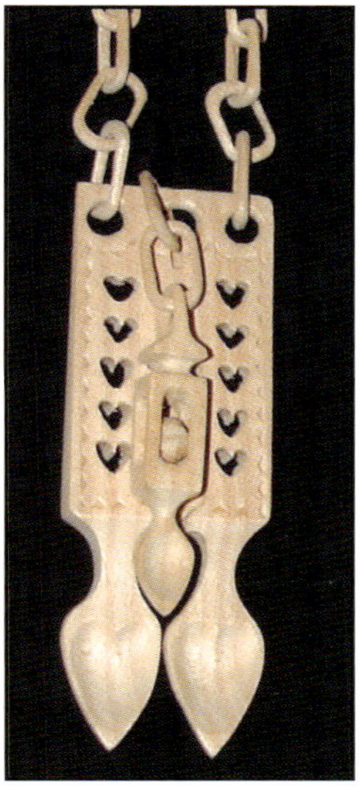

Sylw i'r manylion

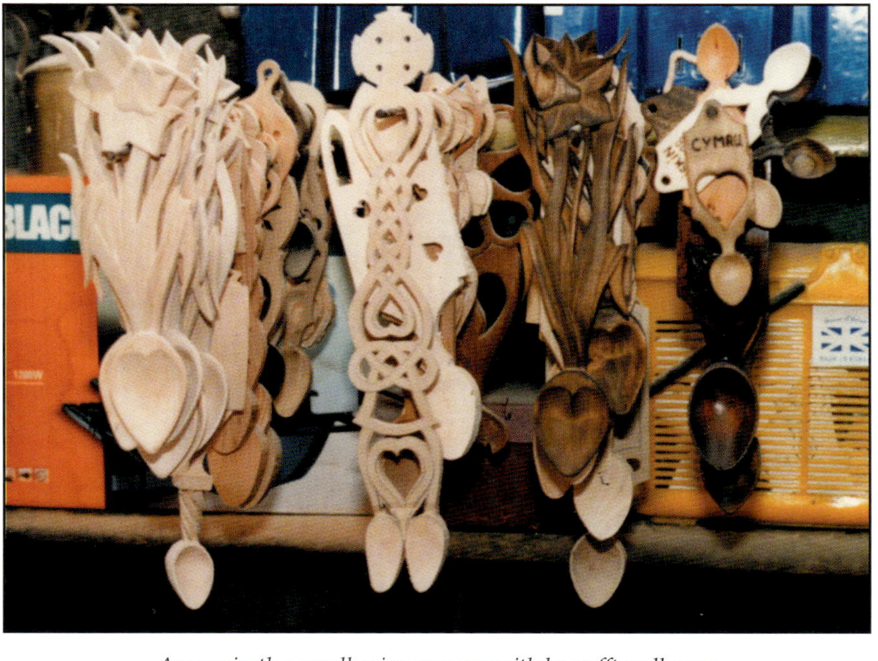

Amrywiaeth o gynlluniau yng ngweithdy crefftwr llwyau

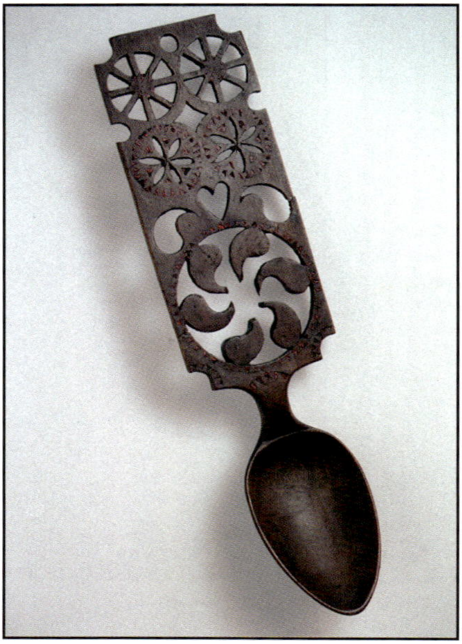

Coes banel, petryal, gyda rhwyllwaith ar yr olwyn

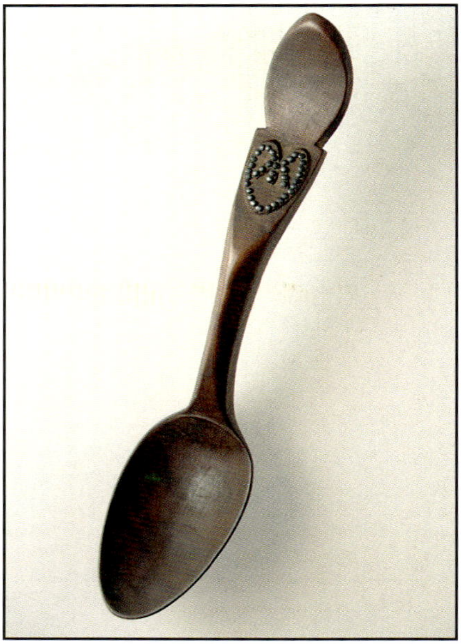

Torrwyd ffurf calon ar y goes hon a'i llenwi â phinnau

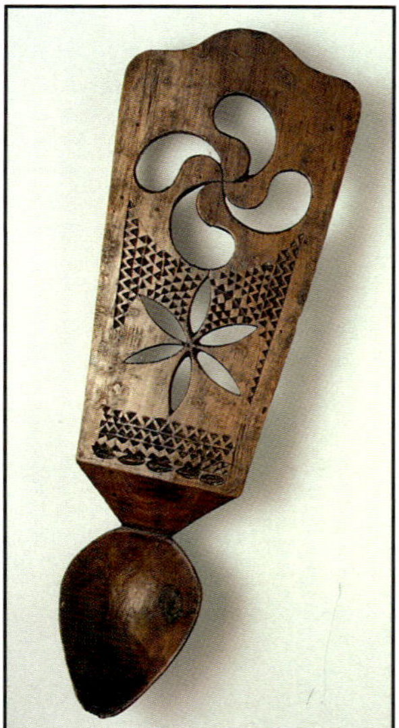

Coes banel yn culhau at flaen y llwy

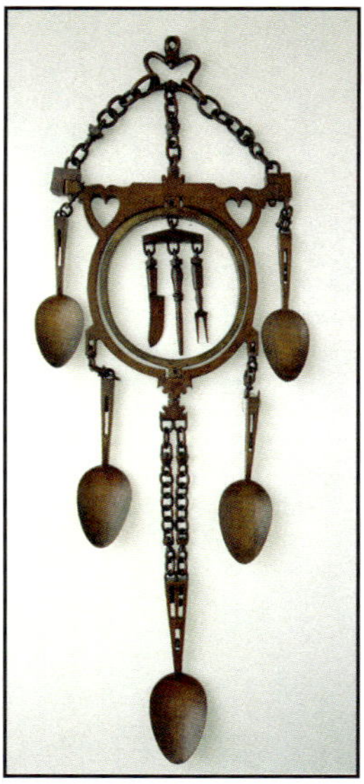

Pum llwy ar ffrâm gron

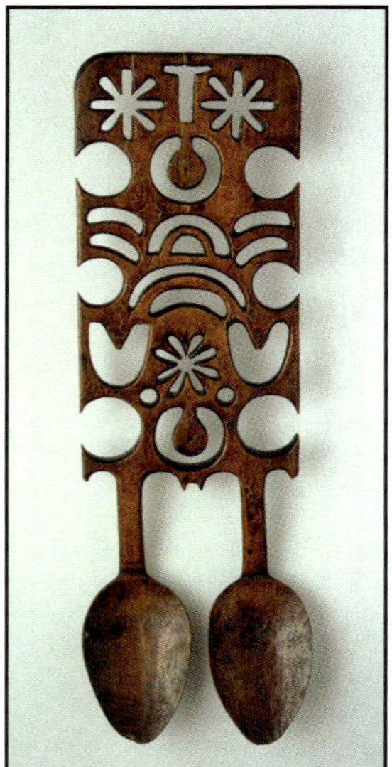

Rhwyllwaith o batrymau

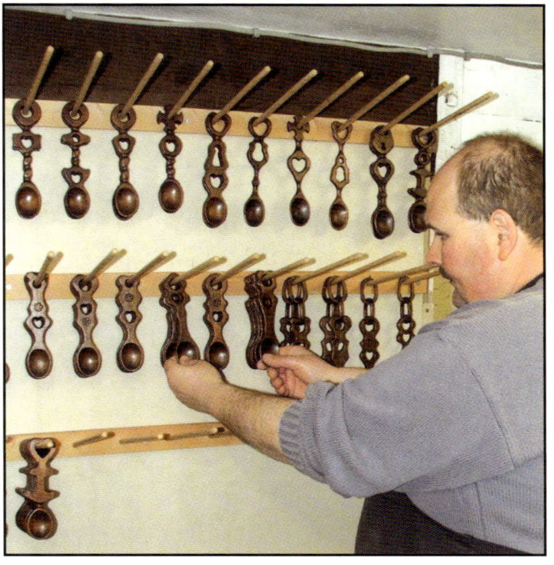

Leslie Williams, Capel Coch, Llanrwst gyda stoc o lwyau yn barod i'r farchnad

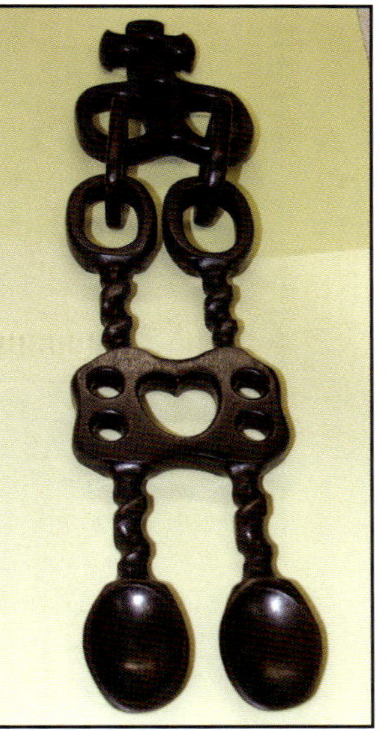

Enghraifft o lwy ddwbwl o waith Leslie

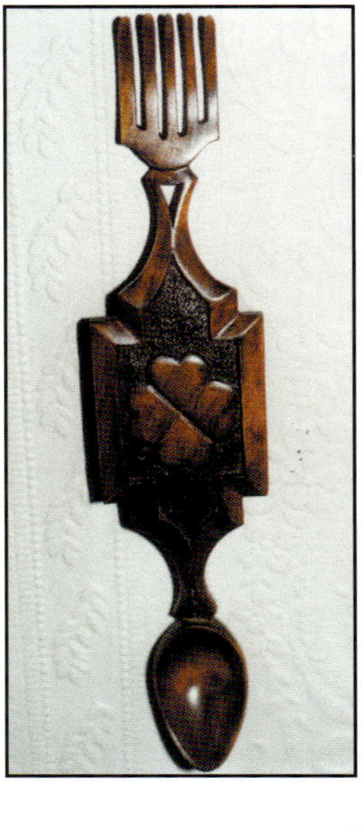

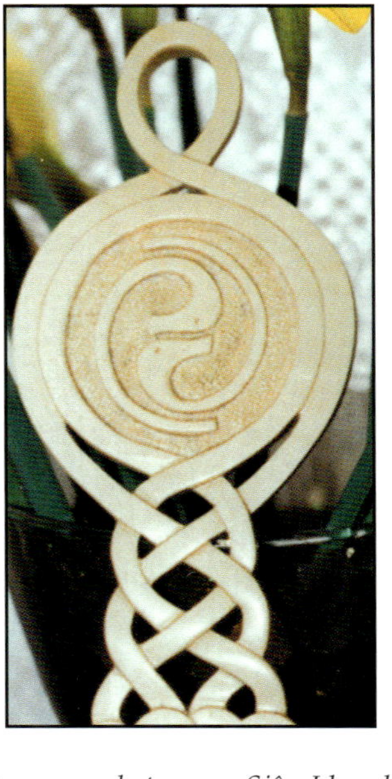

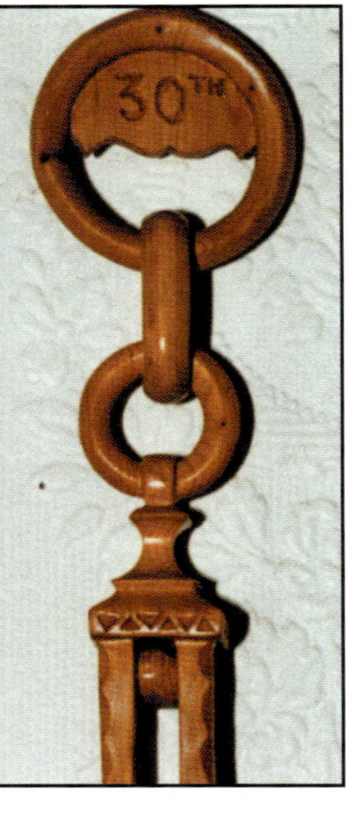

Ychwaneg o batrymau Siôn Llewellyn

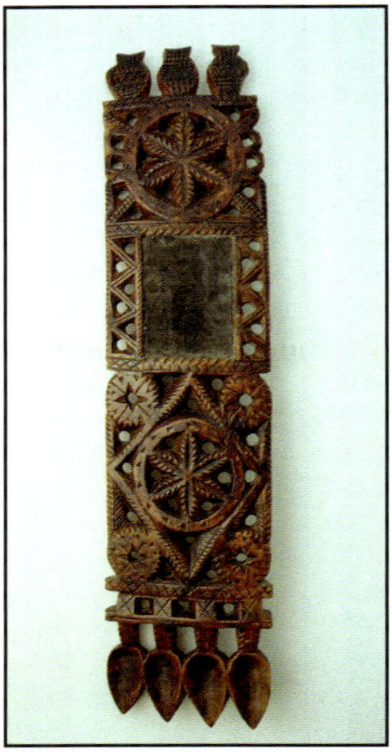

Llwy fawr wedi'i cherfio ar astell lydan

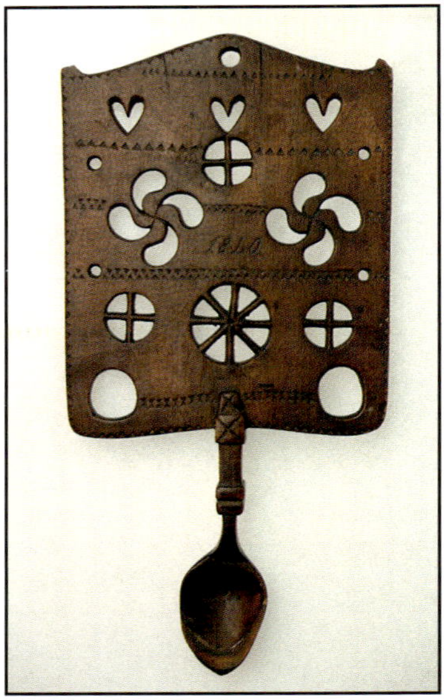

Symbolau'r galon, y cylch a'r enaid ar y llwy hon; dyddiedig 1840

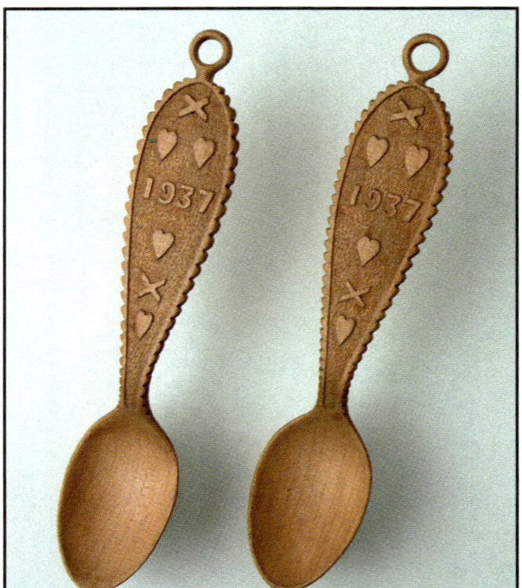

Pâr o lwyau o'r un ffunud gan D. Lewis, Ffostrasol, Ceredigion a enillodd y wobr gyntaf yn Eisteddfod Llangeitho, 1937

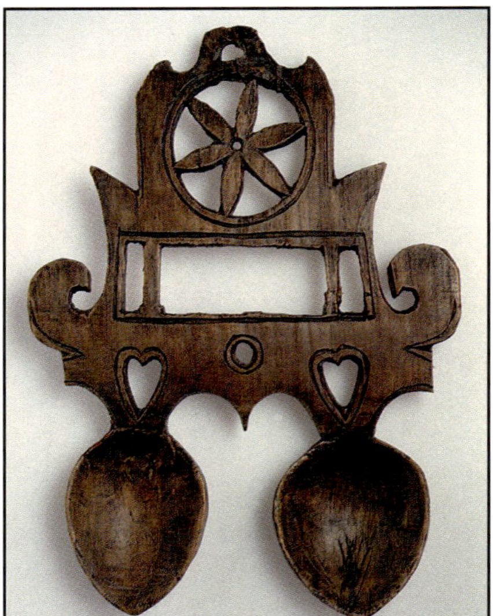

Panel gyda dwy lwy wrtho

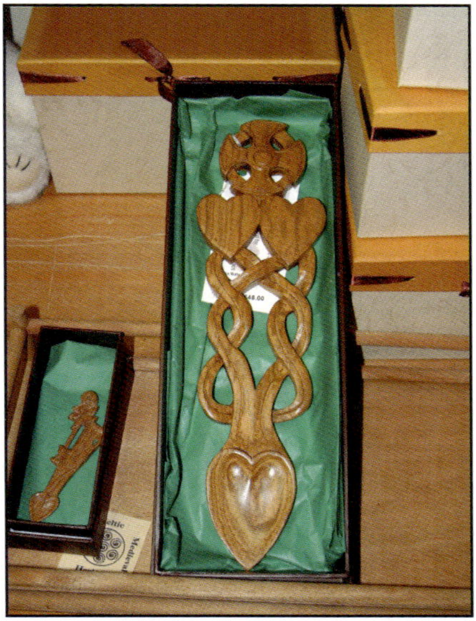

Comisiwn gorffenedig gan
Mike Bartlett

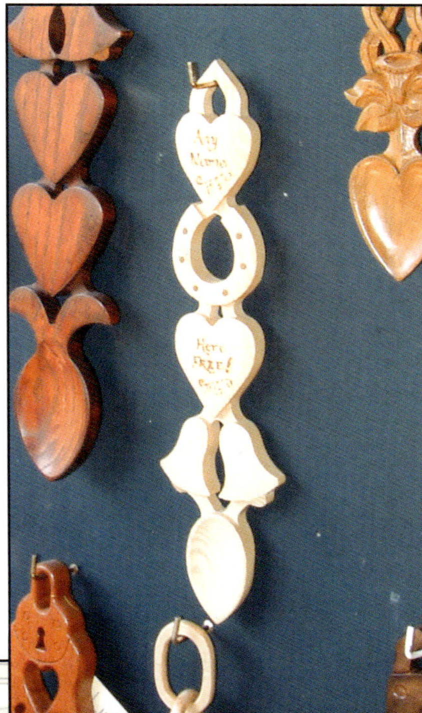

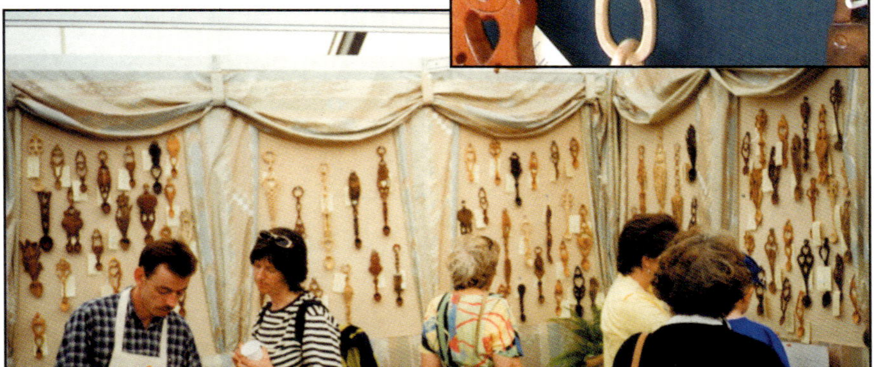

Sion Llewellyn yn arddangos yn Sioe Amaethyddol Cymru, Llanelwedd

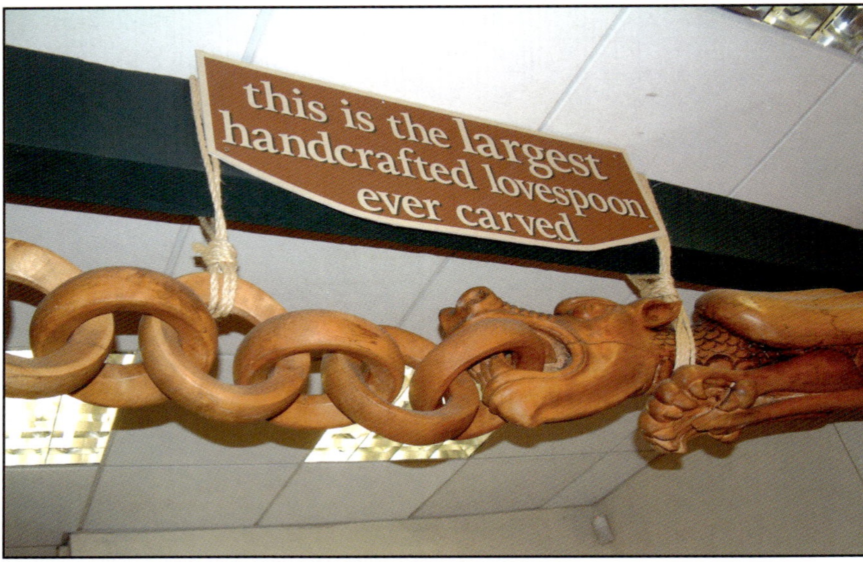

Camp y crefftwr yn cael ei dathlu mewn siop grefft yng Nghaerdydd

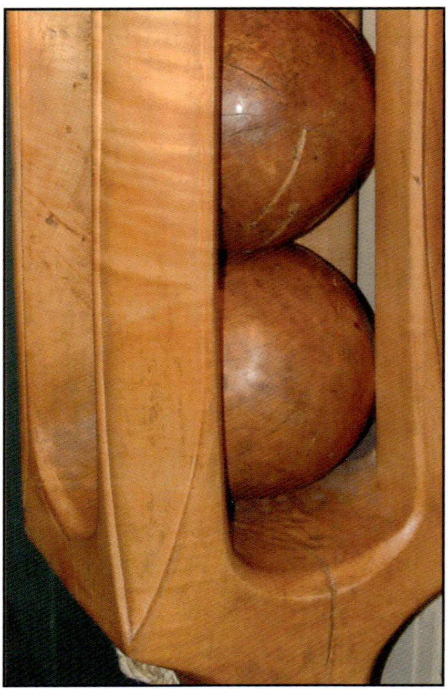

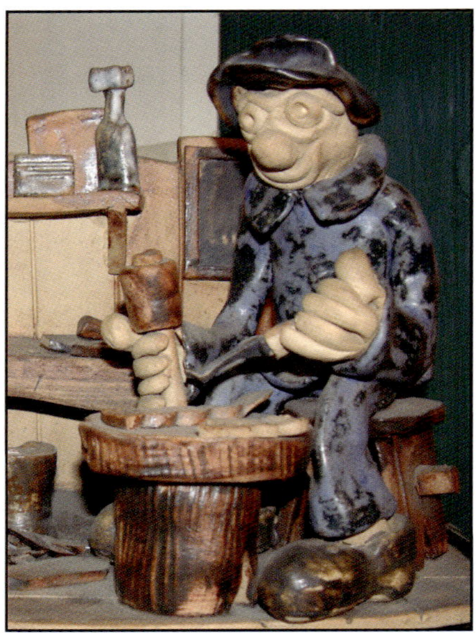

Model o gerfiwr llwyau
yn oriel y siop

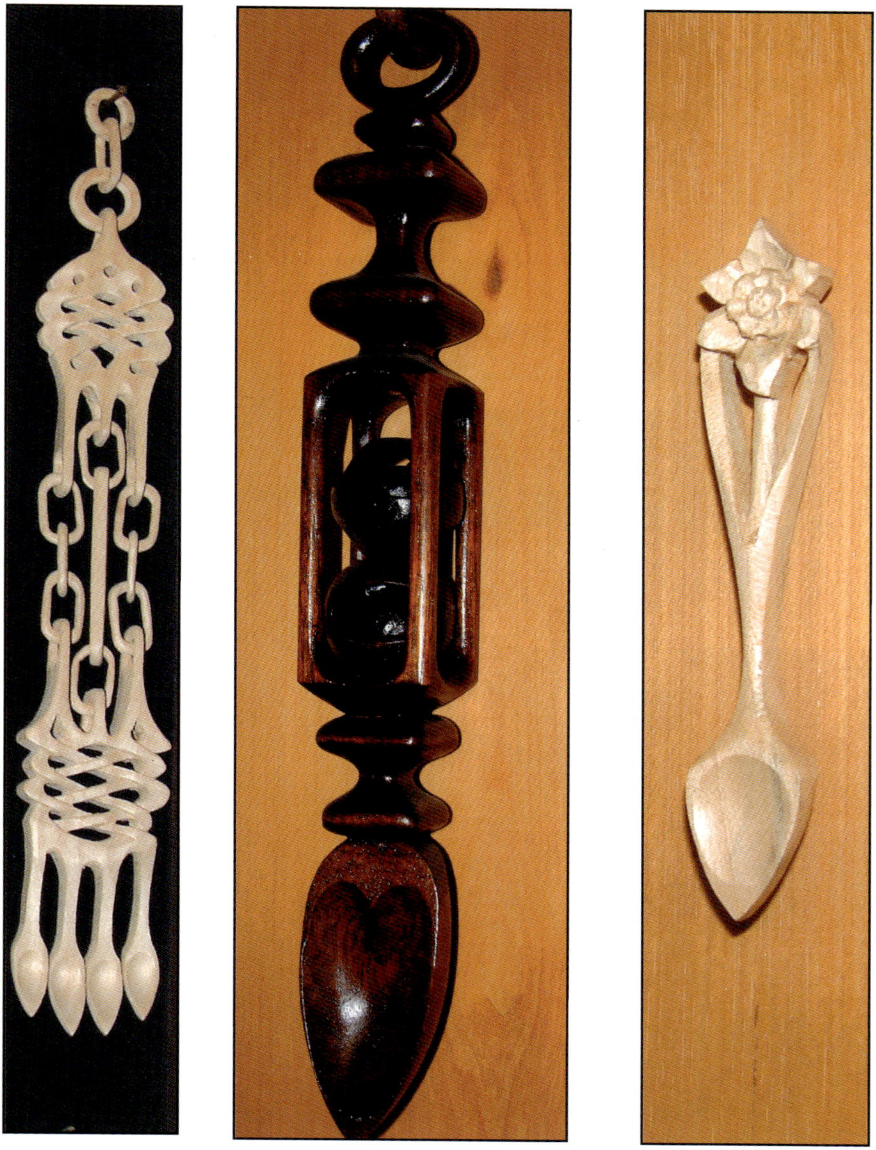

Enghreifftiau o lwyau Edwin Williams, Pontarddulais

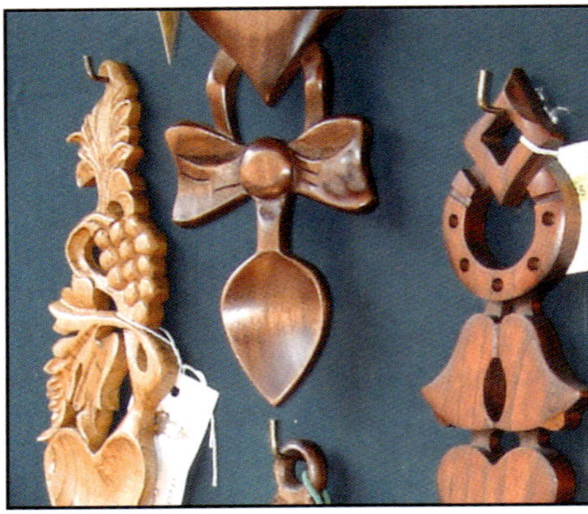

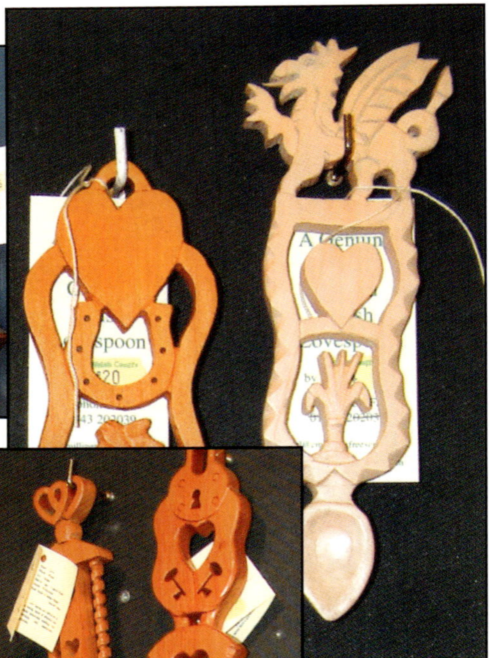

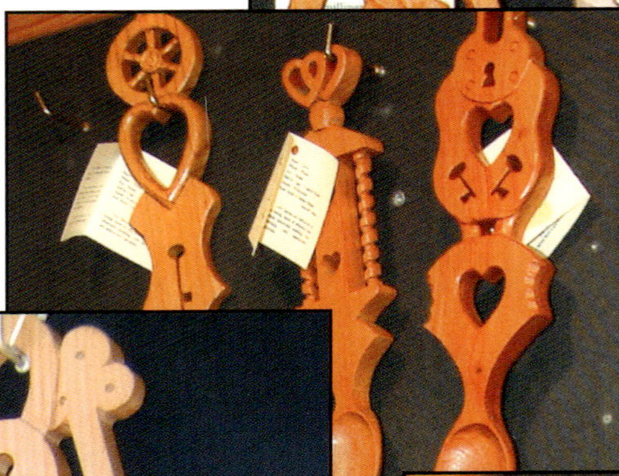

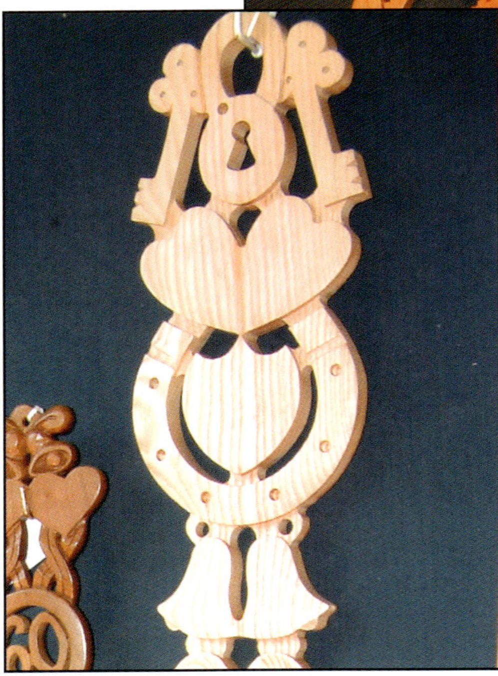

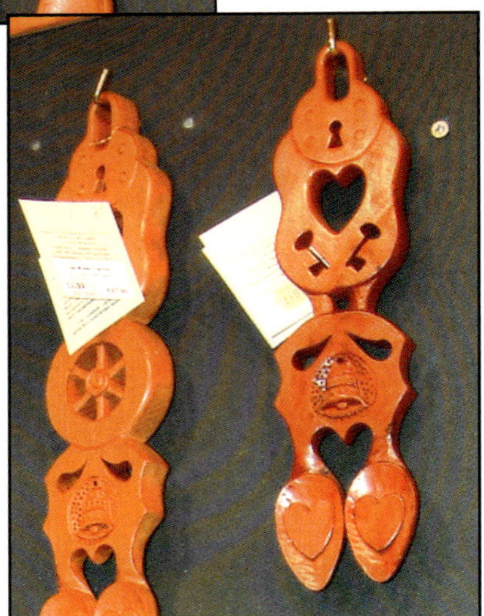

6. *Y sefyllfa heddiw*

Mae'r grefft o gerfio llwyau at ddefnydd y cartref wedi diflannu yng Nghymru bellach a dim ond ychydig gerfwyr sydd ar ôl – os oes rhai o gwbl erbyn hyn – a all gynhyrchu llwyau yn y dull traddodiadol. Byrhoedlog iawn fu adfywiad bychan y 1980au a thila iawn oedd yr ymateb a gafodd y criw o gerfwyr llwyau a ddechreuodd gynnal dosbarthiadau nos mewn rhannau o gefn gwlad gorllewin Cymru yn y 1970au a'r 1980au i geisio dysgu'r grefft i ragor o bobl.

Mae'n anodd iawn deall pam na ddadebrwyd y grefft oherwydd roedd hwn yn gyfnod pan gâi pobl fwy o amser hamdden, roedd mwy o ddiddordeb mewn gwaith coed ac fe ffurfiwyd nifer o glybiau a chymdeithasau cerfio yn ardaloedd trefol de Cymru. Byddai dyn wedi gobeithio i'r nifer o gerfwyr llwyau caru a feistrolodd dechnegau sylfaenol naddu pren fwynhau her ddiddorol cynhyrchu math arall o lwy, ond nid felly y bu.

Bellach ni wneir unrhyw elw ariannol wrth gynhyrchu llwyau o ansawdd at ddefnydd y cartref. Gall y sawl sy'n hoffi coginio â thaclau pren yn hytrach na rhai plastig brynu cynnyrch gwledydd llai datblygedig yn rhad iawn mewn siopau offer cegin. Yn siopau un cwmni adnabyddus o Sweden gwerthir llwyau pren o ansawdd rhyfeddol o dda, er eu bod wedi eu gwneud â pheiriant, yn rhatach o lawer na llwyau wedi eu gwneud â llaw. Ar brydiau serch hynny bydd galw am gopïau o daclau pren bychain, gan gynnwys llwyau pren, gan gymdeithasau sy'n ail-greu digwyddiadau a sefyllfaoedd hanesyddol, gan gwmnïau teledu a ffilm, yn ogystal â chasglwyr ond ceir dadl ynghylch faint o arian y mae'r cyrff hyn yn fodlon ei dalu am y copïau cain a gynhyrchir â llaw.

Yn dilyn yr adfywiad mewn crefftau gwledig yn ystod y ddau ddegawd a aeth heibio, daeth marchnad fechan i lwyau a oedd wedi eu naddu â llaw a wnaed gan grefftwyr a drigai gan fwyaf yng nghefn gwlad. Roedd sawl crefftwr yn honni ei fod wedi dyfeisio dull o roi gwell gorffeniad i'r gwaith a hynny drwy biclo'r llwy orffenedig mewn cymysgedd gyfrinachol cyn ei chynhesu mewn meicrodon. Ymdrechodd eraill yn galed i fireinio'u technegau nes mentro gwarantu hir oes i'w cynnyrch, ond gan i gynifer o'r gwneuthurwyr hyn ddiflannu ymhen byr o dro, roedd y gwarantau'n gwbl ddiwerth. Mae nwyddau o'r fath yn parhau i gael eu gweld mewn orielau crefft, er bod eu hansawdd ymhell o fod yn foddhaol.

Yn ystod y blynyddoedd pan weithiwn yn uniongyrchol â chrefftau gwerin pren, cyfarfyddais â nifer o'r cerfwyr sy'n gweithio yn y maes hwnnw heddiw, a gohebu ag eraill, a chael fy rhyfeddu gan ansawdd eu

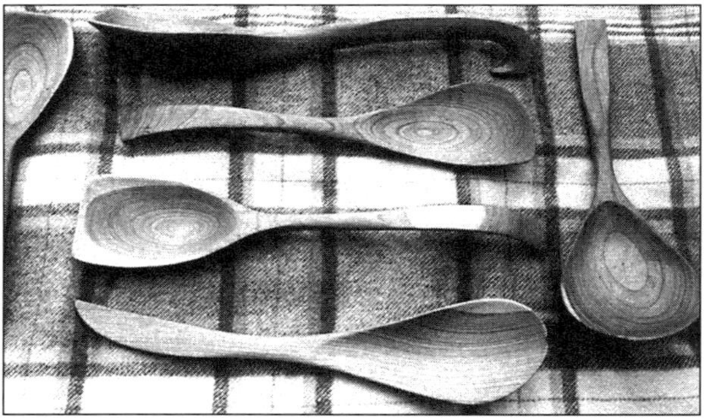

Amrywiadau cyfoes ar lwyau cegin, mewn gwahanol brennau ffrwythau lliwgar

gwaith. Roedd nifer helaeth ohonynt wedi addasu cynlluniau'r llwyau traddodiadol drwy fabwysiadu cynlluniau cyfoes a defnyddio amrywiaeth o brennau caled gyda gwead graen clòs a phrennau lliwgar yn aml. Nid oedd y nwyddau hyn yn rhad ond fe adlewyrchai'r pris fedrusrwydd y cerfiwr yn ogystal â'r amser a'r ymdrech a dreuliwyd ar bob eitem unigol.

Heddiw, yr unig olion sy'n weddill o'r hyn a arferai fod yn weithgaredd poblogaidd yng Nghymru yw ambell gystadleuaeth gwneud llwy gawl mewn sioeau amaethyddol gwledig. Cadarnhâ ymddangosiad yr un hen wynebau flwyddyn ar ôl blwyddyn nad oes gan y to ifanc unrhyw ddiddordeb mewn cystadlu.

Wrth i'r hen grefft o gerfio llwyau ddirywio a darfod yn ystod ail hanner yr ugeinfed ganrif, daeth galw mawr am gerfwyr traddodiadol a allai gynnal arddangosfeydd mewn sioeau a ffeiriau gwledig ar hyd a lled Cymru. Roedd rhai, megis Tim Wade, mor boenus am barhad y grefft nes iddo gysylltu â chrefftwyr profiadol er mwyn dysgu'r sgiliau elfennol. Roedd hyn yn ddiangen serch hynny gan ei fod yn saer coed medrus a ddatblygodd, ymhen blynyddoedd, yn awdurdod blaenllaw ar grefftau gwerin pren. Treuliodd gyfnod yn astudio crefftau gwledig yng nghanolbarth Ewrop hefyd a dychwelodd i Gymru gyda nifer o syniadau newydd.

Wrth i'r ganrif ddod i'w therfyn ac i'r rhan fwyaf o'r ymdrechion i adfywio'r grefft syrthio ar dir caregog, yr unig fannau ble gwelid llwyau at ddefnydd y cartref yn cael eu cerfio oedd mewn sioeau crefftau gwledig arbenigol. Byddai'r selogion yn mynd ac yn dod, rhai ohonynt yn dod â'u hymdrechion i'w canlyn er mwyn cael beirniadaeth adeiladol ar y gwaith, tra byddai eraill yn dod i wylio, a hynny mewn rhyfeddod gan amlaf wrth i lwy ymddangos o ddarn garw o bren fel petai rhyw swyn ar waith.

Yr unig obaith ar y gorwel bellach yw'r nifer o gyrsiau crefftau gwledig a gynhelir yn ystod misoedd yr haf ledled y wlad ond mae problemau'n wynebu'r rheiny hefyd. Mewn dwylo amhrofiadol gall offer naddu llym fod yn beryglus iawn a phan fo mwy a mwy o gyfyngiadau Iechyd a Diogelwch yn ymddangos o hyd a phobl yn mynd yn barotach i hawlio iawndal, mae'r ychydig diwtoriaid sy'n weddill yn mynd yn fwyfwy cyndyn o gynnig cyrsiau sy'n cynnwys gweithgareddau a allai achosi'r mymryn lleiaf o anafiadau i'r myfyrwyr.

Cedwir lluniau a ffilmiau o gerfwyr llwyau'r gorffennol mewn amgueddfeydd ac archifdai ac erbyn heddiw, gwaetha'r modd, dim ond ar sgrîn y gellir gweld y grefft yn cael ei harfer, fel yn achos nifer o grefftau gwledig eraill sy'n prysur ddiflannu o'r tir.

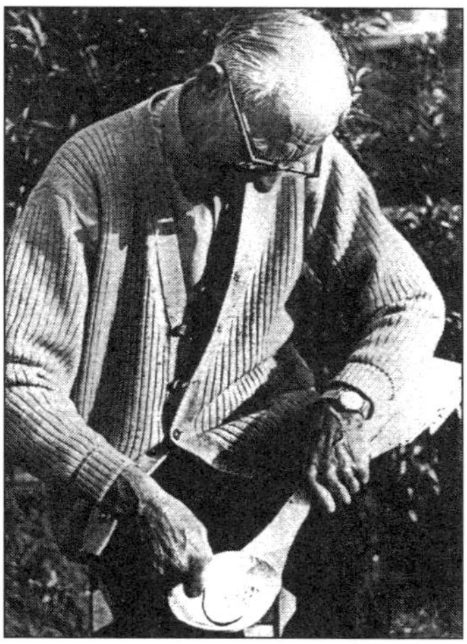

Len Evans, Abercynffig yn cerfio lletwad, 1971

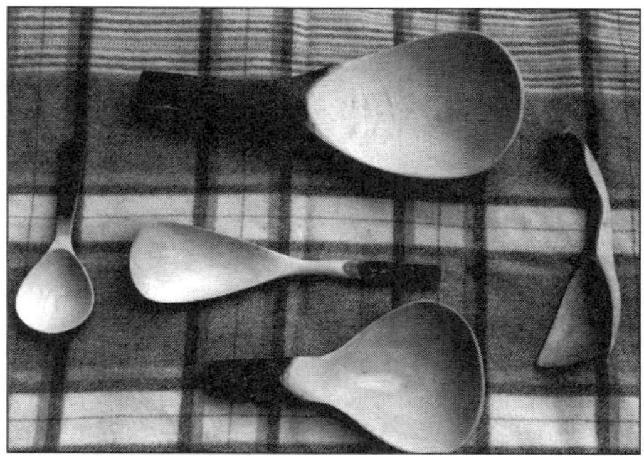

Llwyau a lletwadau pren celyn gan ddefnyddio'r rhisgl fel nodwedd addurniadol.

Llwyau caru

Rhoddion serch

O'r Oesoedd Canol diweddar hyd at ddiwedd y bedwaredd ganrif ar bymtheg roedd gwneud rhoddion personol bychain wedi'u haddurno â symbolau cariad, llythrennau, enwau a dyddiadau yn arferiad cyffredin yng nghymunedau gwledig Prydain yn ogystal â mwyafrif gorllewin Ewrop. Gelwid y rhain yn 'rhoddion serch' ac fe'u gwneid o ddefnyddiau amrywiol megis papur, asgwrn, gwydr a tsieni, yn ogystal â phren.

Mewn rhai achosion gallai'r rhoddwr brynu'r anrheg a'i addurno ei hun cyn ei roi i'w gariad: byddai llongwyr yn prynu rholbrenni gwydr ac yn crafu neu ricio addurniadau arnynt yn ystod mordeithiau hirion – addurniadau tebyg i'r rhai y byddent yn eu crafu ar ddarnau o asgwrn neu ddannedd walrws. Gellid addurno dodrefn bychain a brynid ar gyfer y cartref priodasol gydag enwau a dyddiadau ac addurniadau eraill arnynt cyn i'r pâr ifanc ymgartrefu mewn tŷ newydd. Gallai'r sawl nad oedd cystal â'i ddwylo brynu anrhegion parod megis cribau siâp H cywrain a chardiau San Ffolant, er mai dim ond unwaith y flwyddyn y gellid rhoi'r rheiny.

Fodd bynnag, gwaith llaw y rhoddwr oedd y rhan fwyaf o'r rhoddion serch a chan fod digon o bren ar gael a hwnnw'n hawdd ei drin, dyna'r defnydd mwyaf poblogaidd. Mae 'rhodd serch' yn enw ar amrediad eang o anrhegion a oedd yn amrywio o ardal i ardal ac o sir i sir, a hynny'n dibynnu ar gelfyddyd ac arferion lleol.

Er enghraifft, mewn rhannau o Loegr roedd gwneud les yn weithgaredd poblogaidd a byddai bobinau'n cael eu cynhyrchu wrth y cannoedd ac yn rhoddion serch derbyniol iawn gan y merched. Mewn ardaloedd ble'r oedd merched yn gwau er mwyn ennill ychydig mwy o arian i'r teulu, roedd gweiniau gwau yn ddefnyddiol iawn. Byddai prennau staes a ddefnyddid i dynhau gwasg ffrog yn cael eu haddurno â symbolau cariad a llythrennau ac yn boblogaidd mewn rhannau eraill o Loegr, ond un math o rodd serch heb ddefnydd ymarferol o gwbl iddo oedd yr un a ddaeth i gael ei alw'n 'llwy garu' neu 'lwy serch'. Neges gan lanc ifanc i ferch ifanc oedd y llwy garu yn ei hanfod. Efallai fod y bachgen yn anllythrennog neu'n swil ac yn ei chael hi'n haws mynegi ei deimladau drwy gyflwyno rhodd yn arwydd o'i gariad tuag ati. Bryd hynny roedd sgiliau ymarferol yn ystyriaeth bwysig iawn i ferch oedd yn chwilio am gariad neu ŵr a byddai medrusrwydd a dyfeisgarwch y llanc yn dylanwadu'n gryf ar ei hymateb i'w gais am ei llaw.

Gwnaed llwyau tebyg wedi'u haddurno mewn sawl rhan o ogledd

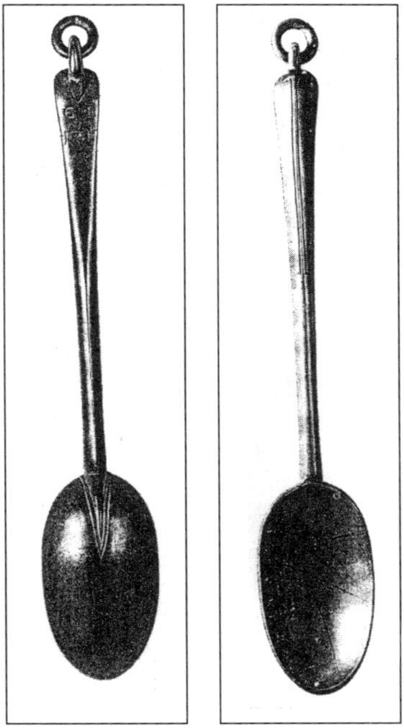

Enghraifft nodweddiadol o drosi llwy gegin yn anrheg serch drwy ychwanegu dolen, dyddiad a phriflythrennau. Daw'r pâr o sir Benfro, maent yn dwyn y dyddiad 1761 a'r llythrennau G.I. ar y cefn.

Lloegr ond fe ymddengys mai arfer Cymreig ydoedd bron yn gyfan gwbl. Ni ellir dilysu'r honiad fod rhoddion serch tebyg i'r llwy garu Gymreig yn arfer cael eu gwneud yn Llychlyn, yn Norwy yn arbennig, er bod tebygrwydd rhyfeddol rhyngddynt. Ac efallai bod y llwyau o ogledd Lloegr a welir mewn casgliadau heddiw wedi cael eu cerfio'n benodol ar gyfer eu rhoi yn rhoddion serch, ond mae'r niferoedd yn llawer rhy fach i allu dweud bod yr arferiad wedi bodoli yno i'r un raddfa ag yng Nghymru. Gwelir dyddiadau ar rai llwyau ond nid ar y mwyafrif ac felly y mae bron yn amhosib dyddio'r rheiny gan nad oedd y cerfwyr yn cael eu dylanwadu o gwbl gan ffasiwn yr oes. Ni fyddai fawr o werth eu dyddio drwy ddefnyddio technegau gwyddonol ychwaith a ph'run bynnag, dyddio'r pren a wnâi hynny yn hytrach na dyddio'r llwy ei hun. Ni ellir rhoi coel bendant ar lwyau sydd â dyddiad arnynt ychwaith, oherwydd fe gerfid copïau o hen lwyau gyda'r dyddiad gwreiddiol arnynt. Ar brydiau byddai'r llwy wreiddiol yn mynd ar goll neu'n cael ei dinistrio gan adael dim ond y copi.

Mae tarddiad y llwy garu yn aneglur ac amhendant a hynny'n bennaf am nad oes fawr o dystiolaeth ddogfennol ar gael amdani. Ceir digon o ddogfennau am lawer o'r arferion gwerin Cymreig eraill sy'n ymwneud â charu a phriodi ond nid oes cofnod o'r arferiad o wneud llwyau caru, sydd mor unigryw i Gymru. Ni ysgrifennodd y teithwyr Seisnig adnabyddus a gofnododd eu teithiau drwy Gymru – gwŷr megis Daniel Defoe, Thomas Pennant a George Borrow yn ddiweddarach – am yr arferiad ychwaith, er eu bod wedi crwydro'r wlad mewn cyfnod pan oedd bri mawr ar yr arfer o naddu llwyau caru. Bid siwr iddynt fod yn llygad-dystion i arferion caru a phriodi amrywiol ac os mai gwir y gair fod cerfio llwyau addurnol yn weithgaredd hynod boblogaidd, mae'n anochel iddynt weld gwŷr ifanc yn naddu darnau o bren er mwyn gwneud anrheg i'w cariad.

Oherwydd prinder tystiolaeth uniongyrchol tyfodd gwahanol ddamcaniaethau ymysg haneswyr, llenorion a chasglwyr llwyau ynghylch tarddiad a chefndir yr arferiad o wneud llwyau caru. Mae'n amhosib penderfynu pa mor gyffredin oedd yr arferiad mewn gwirionedd ac er bod digon o dystiolaeth ar gael o Gymru benbaladr, o ganol yr ail ganrif ar bymtheg hyd at ddirywiad y grefft tuag at ddiwedd y bedwaredd ganrif ar bymtheg, ni ellir ond dyfalu faint o lwyau a gynhyrchwyd. Nid oeddent yn bethau a oedd yn para'n hir ac ymhen amser byddai'r llwyau mwyaf bregus yn torri.

Yr hyn a drafodir fynychaf ymysg ymchwilwyr a'r sawl sy'n ymddiddori yn y grefft yw'r cwestiwn: pam mai llwy oedd dewis rodd llanciau ifanc Cymru yn hytrach na theclyn arall mwy ymarferol? Credai rhai casglwyr cynnar fod ambell lwy garu wedi cael ei defnyddio mewn defodau ond ni chafwyd unrhyw dystiolaeth erioed i gefnogi'r ddamcaniaeth hon. Mae'n debyg bod y llwyau bregus, cain sydd â phen wedi torri wedi cael eu difrodi wrth i'r llwy syrthio oddi ar y wal. Gall hyn ddigwydd i lwy garu heddiw hefyd.

Mae rhai yn mynnu nad oedd unrhyw arwyddocâd symbolaidd yn perthyn i'r llwy garu o gwbl ac mai prawf gan y llanc ifanc i'w gariad ei fod yn medru gwneud pethau â'i law ar gyfer y cartref ydoedd yn unig. Mae'r ddamcaniaeth hon yn un ddigon credadwy. Serch hynny, mae'r mwyafrif sy'n casglu hen offer pren bychain, gan gynnwys llwyau caru, yn weddol gytûn a byddant yn aml yn dyfynnu'r *Trotters Distressed Seaman* (1789) sy'n disgrifio morwyr fel a ganlyn: *'they are stowed spoonways, so closely locked in one another's arms that it is difficult to move'*. Wrth gwrs, mae llwyau cymesur yn ffitio'n glòs yn ei gilydd a dyna un ddamcaniaeth pam y defnyddir symbol y llwy o fewn arferion caru Cymreig, ond rhaid cofio hefyd mai dim ond llwyau arian gwneuthuriedig oedd yn gymesur bryd hynny ac mai'r boneddigion yn unig a oedd yn gyfarwydd â llwyau o'r fath. Ar y llaw arall, awgrymodd rhai ymchwilwyr mai efelychu arferiad y boneddigion o gyflwyno llwy ar achlysur bedydd neu ddyweddïad oedd yr arferiad o roi llwyau caru, ac efallai bod elfen o wirionedd yn hyn, yn enwedig wrth ystyried siâp pen y llwy sy'n fas a hirgrwn ac yn wahanol iawn i'r llwy gawl draddodiadol.

Awgryma rhai nad oedd unrhyw gysylltiad rhwng y llwy garu â'r ddelwedd o 'ffitio fel dwy lwy' ac mai datblygiad graddol o'r grefft o gerfio llwyau at ddefnydd y cartref – a oedd yn weithgaredd amser hamdden poblogaidd yn ogystal ag yn anghenraid – oedd yr arferiad hwn a fodolai ymysg llanciau cefn gwlad yn unig. Fel ag a nodwyd eisoes, er nad oedd llwyau yn daclau bwyta cyffredin cyn yr ail ganrif ar bymtheg, byddai gwŷr ifanc wedi bod yn naddu rhyw fath o siefliau pren anghelfydd ar gyfer troi a choginio bwyd mewn oes gynharach na hynny. Fodd bynnag, ni allwn fyth wybod am ba hyd y bu pobl yn naddu llwyau cyn iddynt ddechrau cael eu haddurno. Mae'n bur debyg i hyn ddigwydd yn araf gyda threigl amser ac wrth i'r arferiad ddod yn fwyfwy poblogaidd, byddai rhagor o addurniadau'n ymddangos ar y llwyau hyd nes iddynt ddod yn fwy o roddion serch na thaclau ymarferol ar gyfer y cartref.

Nid yw crefftwaith llawer o'r llwyau caru gwreiddiol o safon uchel iawn o'u cymharu â llwyau addurnol o fannau eraill yn Ewrop ond hawdd y gellir deall hyn o gofio nad crefftwyr arbenigol a'u gwnaeth. Oherwydd yr anhawster wrth geisio gwahaniaethu rhwng llwyau Cymreig a llwyau o'r cyfandir, tueddwyd i gredu bod unrhyw lwy anghelfydd a gwael ei gwneuthuriad yn dod o Gymru. Mae hyn yn gwbl annheg. Yn wahanol i roddion serch eraill y gellid eu prynu neu eu comisiynu, gwaith llaw y rhoddwr yn unig oedd y llwyau caru ac nid gwaith arbenigwr, neu waith arbenigwr rhan amser yn ddiweddarach fel yn achos y llwyau at ddefnydd y cartref.

Ymhen hir a hwyr datblygodd y llwy garu i fod yn rhodd gariadus wrth i'r gwneuthurwr ganolbwyntio ei holl fedrusrwydd a'i amynedd a threulio llawer o'i amser prin ar y gwaith cerfio cywrain. Llwyau bwyta neu goginio cyffredin oedd llawer o'r llwyau caru cynnar gyda llythrennau, addurniadau neu symbolau syml wedi'u cerfio ar y goes a chylch bychan i'w hongian efallai.

Mae'n ddigon hawdd creu darlun rhamantus o'r cerfwyr llwyau caru cynnar hyn – llanciau ifanc o gefn gwlad yn naddu'n ddiwyd yn y llofft stabl ar nosweithiau hirion y gaeaf; morwyr yn hamddena ar fordaith faith mewn llong; neu garcharorion hyd yn oed, y gwyddys iddynt ladd amser yn naddu cadwyni. Roedd gan bob un ohonynt rywfaint o amser hamdden i feddwl am eu cariadferch, ymhell i ffwrdd efallai, a hyd yn oed os nad oeddent yn berchen medrusrwydd arbenigwr wrth gerfio'r rhoddion, roedd ganddynt amynedd di-ben-draw.

Offer digon cyntefig a ddefnyddiai'r cerfwyr llwyau caru cynnar hyn; dim ond cyllell boced a bwyell a llif i dorri'r siâp efallai. Nid oedd ganddynt gynllun na gwybodaeth dechnegol ychwaith er eu bod, efallai, wedi cael eu dylanwadu gan waith rhywun arall ac mae'n syndod eu bod wedi llwyddo i gynhyrchu'r llwyau dan y fath amgylchiadau. Ar brydiau byddai'r cynnyrch gorffenedig yn hynod anghelfydd ond heb amheuaeth, treulid amser maith yn addurno llwy ddigon syml a byddai'r ferch ifanc a'i derbyniai yn ymfalchïo'n fawr ynddi. Petai'r bachgen a'r ferch yn digwydd priodi ymhen amser byddai'r llwy yn cael ei gosod gyda balchder ar un o furiau'r cartref a'i thrysori fel lluniau priodas yr oes hon.

Mae arwyddocâd derbyn anrheg o'r fath wedi peri cryn ddryswch; cred rhai fod merch boblogaidd yn derbyn rhoddion gan nifer o edmygwyr cyn penderfynu'n derfynol pa un fyddai'n gariad iddi. Fe anghytuna eraill â'r ddamcaniaeth hon a hynny'n bennaf oherwydd y gwaith a'r ymdrech y tu ôl i bob llwy. Ni fyddai llanc ifanc yn mynd ati i naddu heb wybod yn gyntaf fod ganddo obaith go dda o ryngu bodd y ferch. Yn wahanol i'r gred a fodolai dro yn ôl, ni fyddai derbyn llwy gan lanc ifanc yn arwydd bod y ferch a'r bachgen yn dyweddïo. Mae'n bur debyg mai arwydd o gytundeb rhwng y ddau ydoedd ac y byddent, wedi hynny, yn cael eu hystyried yn 'ddau gariad' o fewn y gymuned.

Awgrymwyd fwy nag unwaith fod cyflwyno a derbyn llwy garu yn rhyw fath o gyhoeddiad fod pâr ifanc yn bwriadu priodi ond nid yw hyn yn wir ychwaith gan mai arferiad dosbarth canol, bonheddig oedd cyhoeddi addewid ffurfiol o'r fath. Mewn cymunedau gwledig ni ddaeth yn arferiad priodi'n 'swyddogol' tan ddiwedd y ddeunawfed ganrif; ni fyddai'r mwyafrif yn trafferthu cyfnewid llwon hyd yn oed ond ar brydiau cynhelid seremoni answyddogol, seciwlar mewn tŷ tafarn ar ddiwrnod ffair neu ddydd gŵyl. Rhaid cofio mai mewn eglwysi'n unig y cynhelid priodasau swyddogol hyd at 1837 ond am amryw resymau ni fyddai pawb yn mynychu eglwys ac felly byddai'r pâr ifanc yn cyd-fyw'n ddibriod.

Mae'n ddiddorol nodi fod y gair 'sboner' yn dal i gael ei ddefnyddio heddiw mewn rhai rhannau o orllewin a de Cymru, a hynny i ddisgrifio cariad gwrywaidd ifanc (defnyddir y gair 'wejen' am gariad benywaidd ifanc); a chan fod cyd-fyw heb briodi wedi dod yn arferiad cyffredin unwaith yn rhagor, defnyddir yr enw 'sboner' i ddisgrifio cymar gwrywaidd waeth faint yw ei oed.

Gyda siopau heddiw'n orlawn o nwyddau rhad wedi'u cynhyrchu wrth eu miloedd, mae'n anodd iawn i ni amgyffred pwysigrwydd rhoi a derbyn rhoddion serch megis llwyau caru. Mewn cyfrolau am arferion gwerin sonnir yn helaeth am fathau eraill o roddion serch – rhai ohonynt yn anghyffredin iawn megis ceiniogau wedi eu hollti'n ddau (hanner bob un i'r ddau gariad), broetsau amrywiol a nifer o wahanol eitemau personol – ond mae'r anrhegion a wnaed gan y rhoddwr ei hun mewn dosbarth ar wahân i'r gweddill. O fewn y dosbarth hwn, y llwy garu oedd y rhodd fwyaf poblogaidd o ddigon yng Nghymru ac mae nifer y llwyau sydd wedi goroesi hyd y dydd heddiw yn dystiolaeth amlwg o boblogrwydd yr arferiad Cymreig unigryw hwn ymhlith llanciau cefn gwlad Cymru yn y gorffennol.

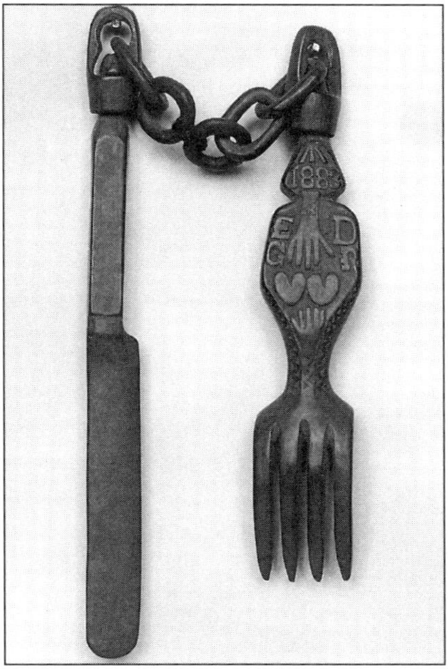

Cyllell a fforc – amrywiad diweddarach ar y llwy garu

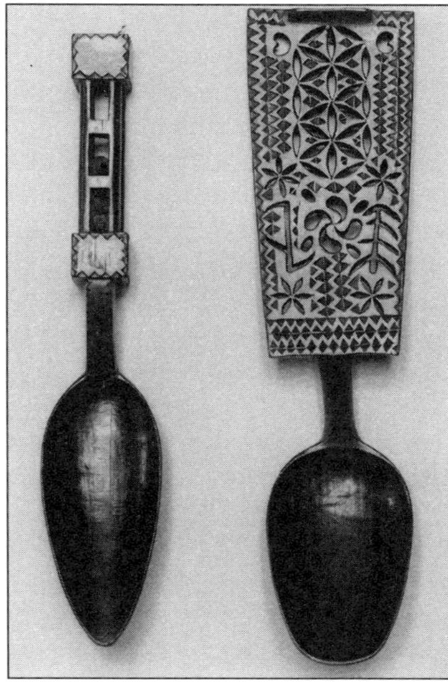

Dwy lwy, un gyda choes banel llydan a'r llall gyda choes gawell

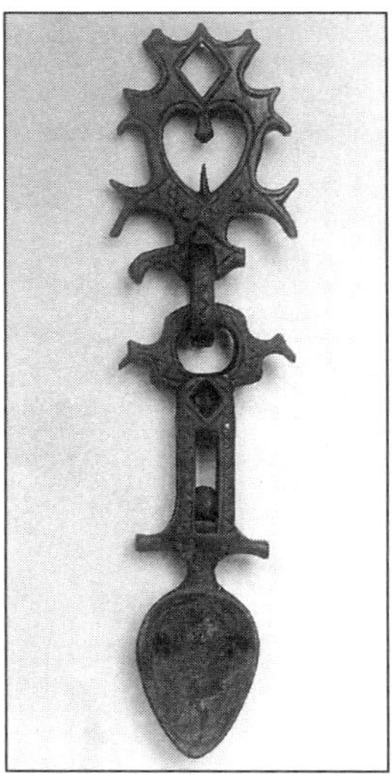

Llwy garu gyda chawell a phanel rhwyllwaith

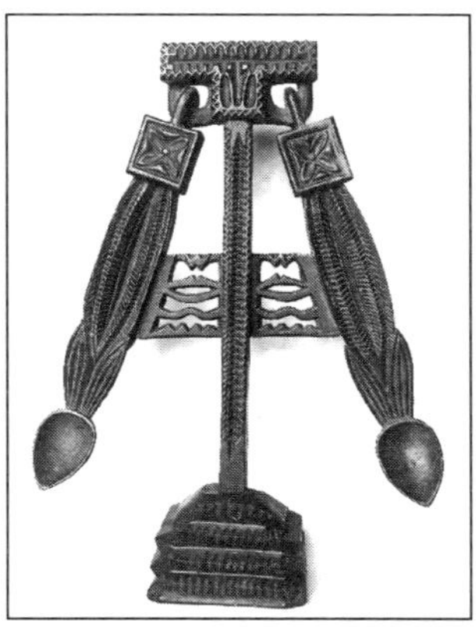

Dwy lwy wedi'u cysylltu ar y pen a'u gosod ar stand – o Ddinbych-y-pysgod yn wreiddiol

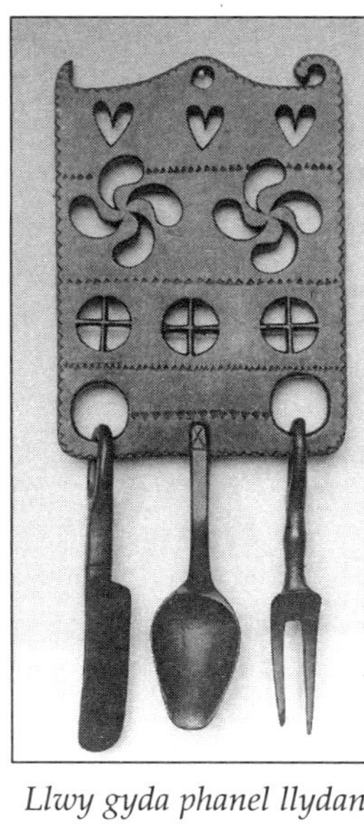

Llwy gyda phanel llydan

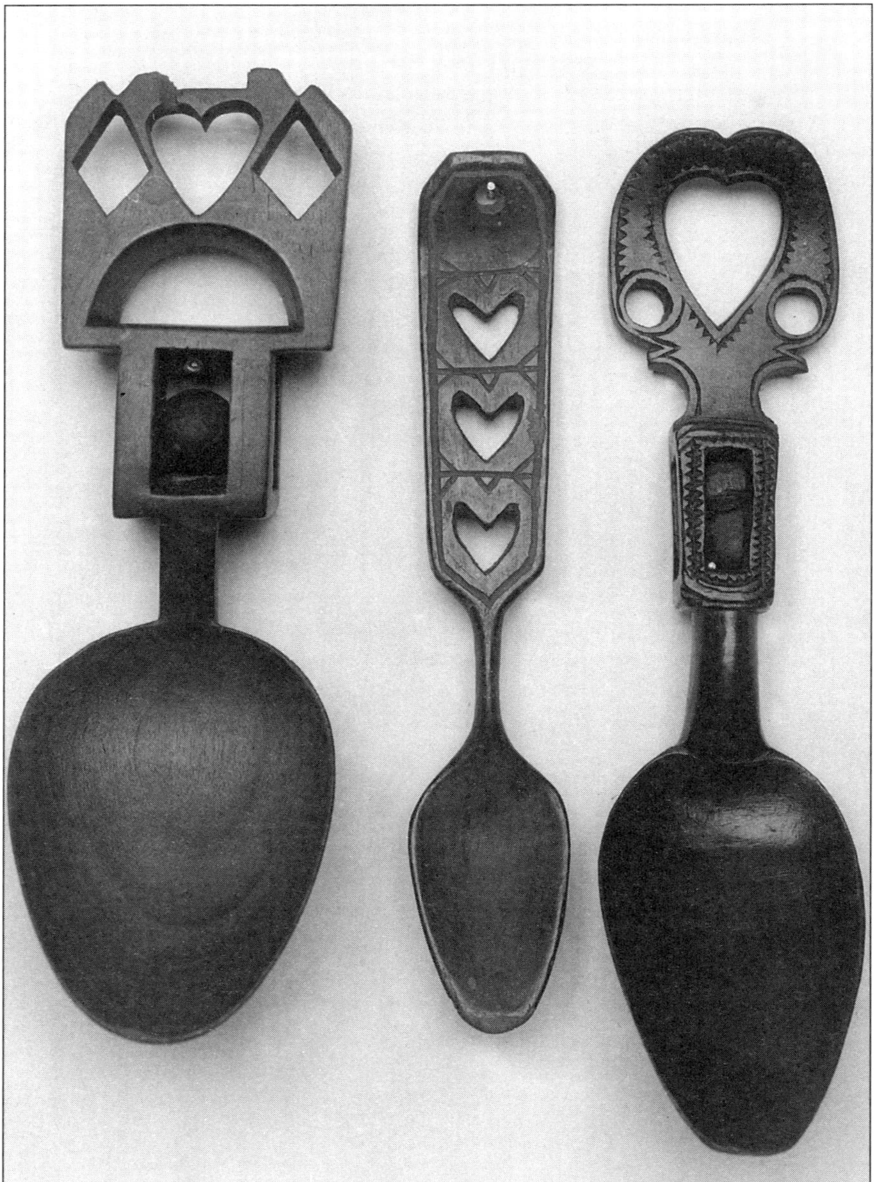

Tair llwy garu gyda phanelau culion

1. *Cynlluniau ac addurniadau*

Câi'r llwyau caru gwreiddiol eu gwneud o bren ac nid oes yr un enghraifft o lwy garu wedi cael ei gwneud o ddefnydd gwahanol wedi dod i olau dydd. Mae hyn yn gryn syndod gan fod nifer o roddion serch eraill yn cael eu gwneud o asgwrn, yr unig ddefnydd crai arall a oedd yn addas i'w gerfio'n llwy.

Gwnaed pob ymdrech i gerfio'r llwy o un darn o bren, heb unrhyw doriad nac uniad ac er gwaetha'r anawsterau amlwg a wynebai'r cerfiwr amhrofiadol, cynhyrchwyd llwyau hynod gain a chrefftus. Mae'r medrusrwydd hynod hwn i'w weld yn glir yn y cadwyni, y dolennau a'r 'peli' mewn cawell, neu'r 'lanternau' neu'r 'llusernau' yn ôl rhai. Roedd ambell eithriad i'r rheol 'un darn' gyda darnau'n cael eu huno'n gelfydd at ei gilydd ac ymhen blynyddoedd, wrth i'r baw ymgasglu ar yr wyneb, ni fyddai modd gweld yr uniad o gwbl, ond fe gâi mwyafrif y llwyau caru eu naddu o un darn o bren.

Byddai rhai gwneuthurwyr yn rhoi blaenoriaeth i faint eu llwyau yn hytrach na safon y gwaith ac nid oedd llwyau troedfedd o hyd yn anghyffredin. Byddai llwyau o'r fath yn cael eu cynhyrchu gan grefftwyr a fethai gerfio'n fanwl a chain ac mae enghreifftiau o lwyau mawr, anghelfydd yn gyffredin iawn. Ni ellir dweud bod treigl amser wedi gwella safon y gwaith cerfio: mae'r llwy hynaf, gyda'r dyddiad 1677 arni, o wneuthuriad llawer mwy cywrain na nifer o'r llwyau a gerfiwyd ddwy ganrif yn ddiweddarach.

Pren masarn oedd y pren mwyaf poblogaidd ar gyfer gwneud llwyau caru yn ogystal â llwyau at ddefnydd bob dydd y cartref a hynny, mae'n debyg, am ei fod ar gael ym mhobman, yn bren hawdd ei naddu ac yn ddefnydd cyffredin ar gyfer gwneud pob math o bethau i'w defnyddio yn y cartref. Ni wyddys ai pren ir, heb gael ei 'sesno', a ddefnyddid i naddu llwyau caru yn yr un modd â llwyau bob dydd, ond mae'n bur debyg fod y crefftwr wedi naddu siâp y llwy pan oedd y pren yn wlyb gan fod hynny'n llawer haws gyda'r ychydig offer naddu syml a oedd ar gael. Er mwyn naddu llwy garu gywrain byddai'r cerfiwr yn treulio oriau maith wrth ei waith a byddai'r pren wedi hen sychu cyn iddo'i gorffen.

Heb os nac oni bai byddai problemau'n datblygu wrth naddu cynlluniau cywrain â phren ir: fe allai'r pren hollti wrth sychu yn ystod y camau cyntaf a byddai paneli tenau yn sigo neu'n ystumio. Prin iawn yw'r llwyau gwreiddiol sydd wedi eu difrodi yn y fath fodd, a hynny, gellir tybio, oherwydd bod y gwneuthurwr wedi medru unioni'r cam wrth iddo naddu'r pren, neu daflu'r gwaith cychwynnol a chael ei orfodi i ddechrau o'r dechrau petai rhywbeth mawr wedi mynd o'i le. Mae ychydig lwyau anorffenedig wedi goroesi a'r rheiny heb eu cwblhau efallai am fod y cerfiwr wedi colli ei gariad, neu oherwydd bod yr her o wneud llwy wedi bod yn ormod iddo, neu am ei fod wedi cwrdd â rhyw anffawd.

Pren poblogaidd arall oedd y pren ffrwythau – ac afal yn enwedig. Yn ôl y traddodiad fe ddefnyddid y pren hwn oherwydd ei gysylltiad ag Adda ac Efa yng Ngardd Eden, ond ni cheir tystiolaeth ddogfennol i gadarnhau hyn. Mae'n bur debyg fod y pren afal wedi cael ei ddefnyddio am ei fod yn galetach na phren masarn, yn un braf i'w drin ac yn edrych yn dda. Defnyddid prennau eraill hefyd a byddai morwyr, neu rywun a allai gael gafael ar ddefnyddiau cynhyrchu dodrefn, yn medru cyflenwi prennau dieithr megis gwahanol fathau o fahogani. Oherwydd trwch blynyddoedd o sglein a chwyr, heb sôn am faw, yn ogystal â'r arferiad o osod llwyau ar ymyl simdde fawr, a'u staenio'n ddiweddarach efallai, mae'n amhosibl adnabod pren rhai llwyau caru.

Yn ystod y blynyddoedd pan adferwyd y grefft o wneud llwyau caru, daeth y pren bocs, y gelynnen a phren yr ysgawen yn boblogaidd. Oherwydd graen clòs y prennau caled hyn gellir cynhyrchu gwaith crefftus a choeth eithriadol ac mae modd caboli gorffeniad perffaith bron i ddarn o waith llaw wedi ei naddu ag un ohonynt. Yn aml iawn y dyddiau hyn bydd cerfwyr masnachol yn defnyddio pren y balalwyfen; dyma un o'r prennau mwyaf poblogaidd ond oherwydd ei liw golau daw pob brycheuyn i'r golwg ac o ganlyniad bydd y pren yn cael ei liwio i guddio'r diffygion. Bydd gwneuthurwyr eraill yn defnyddio nifer o fathau gwahanol o bren wedi'u mewnforio, a hynny'n bennaf am fod digon ohono ar gael yn hytrach nag am ei fod yn ddefnydd mwy addas ar gyfer y gwaith.

Mae un nodwedd gyffredin yn perthyn i'r holl lwyau caru gwreiddiol ac i'r llwyau pren a ddefnyddid bob dydd yn y cartref (tarddle y llwy garu) a hwnnw yw'r pen cafnog diaddurn. Byddai ffiol ambell lwy garu yn cael ei naddu'n fras ar ffurf calon ond fel arfer byddent bron yn union yr un fath â phen y llwyau pren at ddefnydd bob dydd.

Er mwyn cael digon o le i naddu addurniadau ar y llwy, y peth cyntaf a'r peth amlycaf i'r cerfiwr ei wneud fyddai lledu'r goes nes ei bod yn gymesur â phen y llwy yn aml iawn. Byddai hyd a thrwch y paneli hyn yn amrywio. Defnyddid cyllell finiog i dorri patrymau drwy bren y paneli tenau ond byddai'r patrymau'n cael eu naddu ar wyneb y paneli mwy trwchus. Roedd hwn yn ddull hynod effeithiol o addurno pren gwastad ac yn boblogaidd iawn ar ddodrefn Tuduraidd a Jacobaidd ond drwodd a thro digon anghelfydd yw'r gwaith naddu, neu'n hytrach grafu, a welir ar lwyau caru am nad oedd y cerfiwr yn naddu'r pren yn ddigon dwfn.

Gwelir cwyr coch neu ddu yn y patrymau nadd, boed yn gynllun neu'n

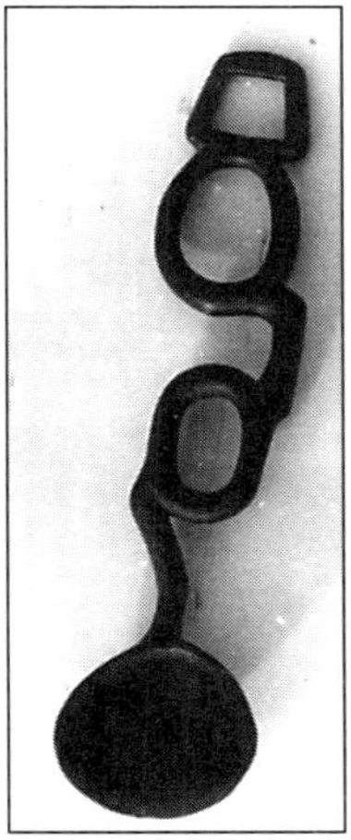

Llwy anarferol o'r 19eg ganrif ar lun pâr o sbectols

forder, ar rai llwyau caru. Byddai'r math hwn o addurn yn gynllun ar wahân neu'n rhan o addurniadau nadd eraill ar wyneb y pren. Mae mwyafrif y llwyau gydag addurniadau cwyr sydd wedi goroesi (nid oes llawer ohonynt) yn ddigon anghelfydd oni bai am un eithriad a welir yng nghasgliad Amgueddfa Werin Cymru. Mae'n bur debyg mai llwy wedi ei gwneud gan longwr yw hon. Yn anffodus mae un darn ohoni ar goll.

Torrid panel yn ddwfn yn y pren mewn rhai llwyau ac yn y rhain byddai'r crefftwr yn gosod cudyn o wallt neu ddarn o lythyr (ni chyrhaeddodd ffotograffau tan yn ddiweddarach) cyn cau'r panel â darn bychan o wydr. Mae'r gwydr wedi hen ddiflannu ar y mwyafrif o lwyau a dim ond y panel gwag sy'n brawf o'i ddiben gwreiddiol.

Dull hawdd arall o addurno, er na ddefnyddid mohono'n aml, oedd llosgi patrwm gyda hoelen. Digon anghelfydd yw'r ychydig enghreifftiau o lwyau 'gwaith procer' sy'n bodoli ac ni ellir cymharu'r hen ddull hwn â'r dull pyrograffig medrus a ddefnyddia naddwyr heddiw yn llwyddiannus iawn.

Dim ond ychydig o lwyau caru sydd â dyddiadau arnynt, a dim ond y flwyddyn a welir ar y rheiny. Mae hyn yn cadarnhau nad rhoddion i goffáu rhyw ddigwyddiad arbennig megis priodas oedd y llwyau caru cynnar a rhaid cofio nad oedd unrhyw arwyddocâd i ddyddiad yng nghefn gwlad p'run bynnag. Ambell waith câi hyd yn oed yr offeiriaid drafferth i gofio'r dyddiad wrth ysgrifennu'r cofnodion eglwysig.

Anaml iawn y gwelir enghreifftiau o naddu basgerfwedd, sydd mor boblogaidd ymhlith naddwyr llwyau heddiw, ar lwyau caru cynnar. Y prif reswm paham na ddefnyddid y dull hwn yn aml oedd prinder offer gwaith coed syml ar gyfer naddu'r addurn, sef patrwm wedi ei godi oddi ar y cefndir drwy dorri cafnau o'i amgylch. Crafu'r cynllun ar wyneb y pren wnâi mwyafrif y crefftwyr yn y dyddiau gynt.

Mewn gwirionedd, mae'n bur debyg mai llwyau ar gyfer codi salad yw'r enghreifftiau o lwyau gydag addurniadau basgerfwedd sydd erbyn hyn yn cael eu galw'n llwyau caru. Dylid bod yn amheus o unrhyw gyllell a fforc sy'n cyd-fynd â'r cyfryw lwyau gan nad oeddent yn wreiddiol yn rhoddion serch.

Roedd cerfio llythrennau yn arferiad mwy cyffredin na cherfio enwau ac yn ddieithriad bron, enwau merched yw'r ychydig enghreifftiau a welir oni bai am un: ar un llwy blaen yng nghasgliad Amgueddfa Werin Cymru

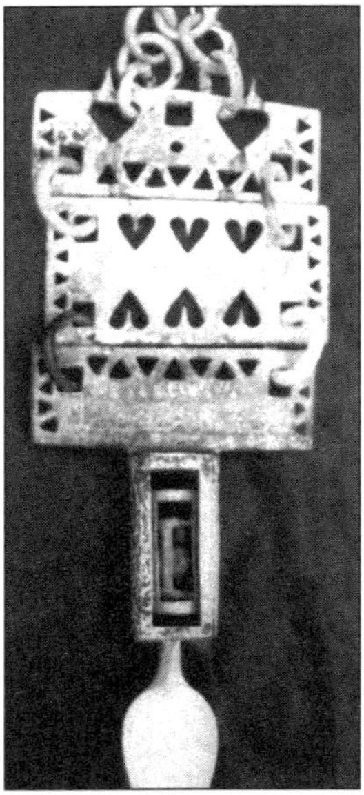

Enghraifft brin a gwych o lwy gawell sydd wedi'i difetha â chôt drwchus o baent

torrwyd yr enw JOHN drwy goes y llwy. Tybed a oedd gan y ferch ifanc a fyddai'n derbyn y llwy gymaint o edmygwyr nes bod angen i'r cerfiwr hwn ddweud ei enw wrthi?

Mae'r llwyau caru garwaf, trymaf a mwyaf anghelfydd y gwn i amdanynt ar ffurf clorian ymenyn. Maent yn unigryw am eu bod yn sefyll ar eu traed eu hunain ac am eu bod ar y ffin rhwng yr hyn a ystyrir yn llwy garu ac yn rhyw fath o rodd serch arall, gwahanol.

Bydd un math o lwy yn tynnu sylw yn ddiffael, sef y llwy 'pêl mewn cawell' hynod. Dyma un o'r mathau cynharaf o lwy garu sy'n brawf bod llwyau soffistigedig iawn yn cael eu gwneud erbyn canol yr ail ganrif ar bymtheg (pe gellid profi dilysrwydd y llwy gyda'r dyddiad 1667 arni). Llwyau gyda pheli bychan wedi eu dal rhwng colofnau cain ar ffurf cawell sgwâr gan amlaf yw'r rhain ond ceir enghreifftiau o gewyll wythonglog hefyd a gerfiwyd gan grefftwyr medrus iawn.

Fel arfer bydd y cewyll yn rhan o gadwyn, uwchben ffiol gafnog y llwy ac islaw panel wedi'i addurno, neu yn nodwedd ar eu pennau eu hunain. Byddai nifer y peli yn amrywio hefyd: ambell waith dim ond un, dro arall gwelid dwsin neu ragor ac fel y gellid disgwyl mae rhai llwyau gwreiddiol gyda chawell gwag am fod y peli, os oedd rhai o gwbl, wedi mynd ar goll.

Os oedd mwy na dwy neu dair pêl i gael eu naddu o un darn hir o bren arferid eu gwahanu drwy adael blocyn o bren yn y 'cawell'. Byddai hyn yn cryfhau'r pileri ac yn sicrhau na fyddai'r peli'n syrthio ohono, yn ogystal ag arbed y cerfiwr rhag cael ei gyhuddo o naddu'r peli ar wahân a'u gwthio i mewn yn hytrach na'u naddu y tu mewn i'r cawell.

Mae'r 'peli mewn cawell' yn nodwedd boblogaidd yng nghelfyddyd gwerin pedwar ban y byd ac ar ôl dod i'r arfer o'u gwneud maent yn bethau digon hawdd eu naddu. Gorau oll os yw'r peli'n sfferau perffaith ond yn achos y mwyafrif o lwyau caru gwreiddiol mae'r peli ymhell o fod yn grwn. Wedi'r cyfan, eu cael i symud yn rhydd heb syrthio allan o'r cawell oedd yr her. Y dyddiau hyn, mewn gwirionedd, bydd cerfiwr sy'n llwyddo i naddu peli perffaith grwn yn cael ei gyhuddo o'u gosod yn y cawell drwy dwyll.

Nodwedd arall sy'n weddol debyg yw'r 'cewyll caeth' sef cewyll wedi eu cerfio drwy'i gilydd, sy'n gamp anhygoel. Gwelir dwy lwy gyda chewyll caeth yng nghasgliad Amgueddfa Werin Cymru ond yn anffodus difrodwyd un yn arw wrth gael ei pheintio rywbryd yn y gorffennol.

Mae naddu cadwyn hir ddi-dor o un darn o bren yn grefft gyffredin ledled y byd ac at ei gilydd mae'r cadwyni a welir ar y llwyau Cymreig o wneuthuriad da. Er mwyn iddi gael ei galw'n llwy garu byddai'n rhaid cael rhywbeth a gynrychiolai ddysgl ynghlwm wrth un neu ddau ben y gadwyn ac mewn rhai enghreifftiau gwelir amrywiaeth o golynnau a modrwyau tro hefyd.

Fel arfer, dolennau syth oedd ar gadwyni'r llwyau gwreiddiol cynnar. Mae'n debyg nad oedd mwyafrif y cerfwyr ifanc yn ddigon profiadol i fedru naddu cadwyni troellog fel ag a welir yng ngwaith y cerfwyr arbenigol sy'n cynhyrchu llwyau caru soffistigedig heddiw. Ceid hyd at ddwsin neu ragor o ddolennau ar y llwyau cynnar a hynny, mae'n debyg, am fod y llanc ifanc yn parhau i naddu hyd nes y câi'r pren ei ddefnyddio i gyd, neu hyd nes y byddai'n torri un ddolen ac yn methu parhau o'r herwydd.

Nid ar lwyau caru yn unig y cerfid cadwyni; mae rhai gweiniau gwau gyda chadwyn ynghlwm wrthynt hefyd – nid oedd pen i rwystro i'r pwythau lithro oddi ar y wachel wau ers talwm a rhoddid un pen o'r wachell mewn gwain. Go brin eu bod yn ddigon cryf i gael eu gwisgo fel addurniadau, er bod cadwyni o bren caled y ddraenen yn arfer cael eu gwisgo fel gwregys neu staes yn Ffrainc yn yr Oesoedd Canol.

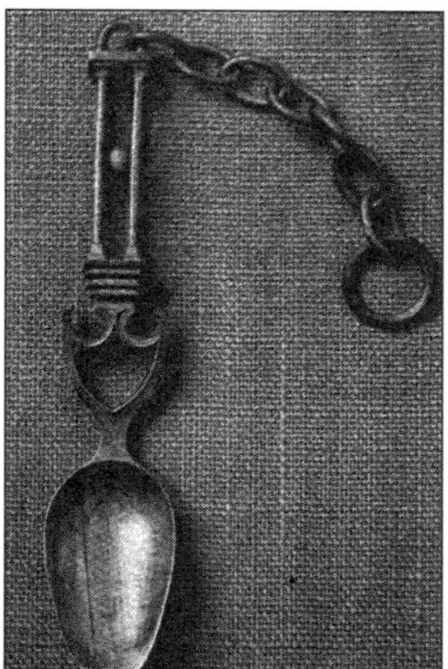

Llwy bêl a chawell adnabyddus o'r 19eg ganrif sydd wedi'i dynwared yn helaeth.

Ni roddid 'gorffeniad' o unrhyw fath ar y llwyau caru gwreiddiol a gadewid olion y teclyn gwaith ar wyneb y llwy, er bod rhai yn cael eu crafu ag asgwrn neu gyllell o ryw fath. Byddai llwyau a roddid yn anrheg priodas neu'n eitem mewn cystadleuaeth yn ddiweddarach yn cael eu mireinio ac er bod rheolau pendant yn erbyn gloywi, y llwy gyda'r gorffeniad gorau fyddai'n fuddugol gan amlaf. Roedd 'gorffeniad' cyfrinachol gan bob cerfiwr. Byddai rhwbio'r llwy â chymal asgwrn anifail yn un dull poblogaidd. Tristwch o'r mwyaf yw gweld llwyau gwreiddiol hardd a ddifethwyd yn llwyr gan haen o farnais tywyll yn ystod oes Victoria i gydweddu â naws ddifrifol y cyfnod pan oedd y frenhines yn galaru am ei gŵr.

2. *Symbolau*

Wrth drafod llwyau caru gwreiddiol a chyfoes mae'r ddadl ynghylch arwyddocâd y gwahanol symbolau a welir arnynt yn fwy nag unrhyw anghytundeb arall yn eu cylch. Yn ystod adfywiad y deugain mlynedd diwethaf cafwyd trafodaethau helaeth am bwysigrwydd, neu amhwysigrwydd, y symbolau hyn. Cymhlethwyd pethau ymhellach gan ymddangosiad dwsin o fotiffau newydd na welwyd mohonynt erioed ar lwyau gwreiddiol.

Mae rhai gwneuthurwyr llwyau caru cyfoes yn mynnu bod ystyr symbolaidd i'r holl fotiffau hyn ac fe geisiant argyhoeddi'r darpar brynwyr drwy gyhoeddi taflen i gyd-fynd â'r llwyau sy'n egluro 'iaith y llwy garu'. Er nad oes unrhyw dystiolaeth o fath yn y byd i gefnogi'r dehongliadau hyn, credir bod y llanciau ifanc a gerfiodd y llwyau caru gwreiddiol mor swil ac amharod i ddangos eu gwir deimladau nes iddynt orfod cyfleu eu negeseuon drwy gyfrwng nifer o symbolau gwahanol.

Yn ystod blynyddoedd cynnar adfywiad y grefft o gerfio llwyau caru byddai nifer o gerfwyr yn mynnu bod pob un o'i lwyau yn 'adrodd stori' ac mae'n bur debyg bod hynny wedi tanio dychymyg rhai rhamantwyr, ond fe ychwanegodd at ddryswch y sawl a geisiai astudio'r pwnc yn fanylach. Ceir llawer o symbolau cyfarwydd yn ymwneud â chariad a phriodi ar lwyau caru wrth gwrs, nifer ohonynt yn dyddio ganrifoedd yn ôl ac yn gyfarwydd ledled gorllewin Ewrop. Y galon yw'r symbol amlycaf o ddigon ac er nad yw'n ymddangos ar bob llwy garu, fe'i gwelir ar wahanol fathau o roddion serch yn ddi-ffael.

Un galon neu ddwy gyda'i gilydd a gerfid gan amlaf ond ambell waith byddai nifer o galonnau'n cael eu defnyddio i ffurfio patrwm. Byddai calonnau o bob lliw a llun yn cael eu tyllu drwy'r pren, eu naddu ar yr wyneb a'u plethu ynghyd – rhai yn un rhes i greu border o amgylch dyddiad neu lythrennau, ac er nad oedd dolennau cadwyn siâp calon yn gyffredin ar lwyau gwreiddiol, mae cerfwyr cyfoes wedi llwyddo i feistroli'r dechneg hon yn effeithiol iawn.

Un arall o'r symbolau gwreiddiol cyfarwydd yw siâp atalnod neu 'goma'. Credai casglwyr y gorffennol mai efelychiad o batrwm y siolau ffilt *(Paisley)* ydoedd hwn a digon hawdd credu hynny gan fod y siolau hyn yn gyffredin iawn yng Nghymru ers talwm, ond mae'r symbol ar lwyau caru a gerfiwyd cyn i'r siolau ddod yn boblogaidd wedi dod i olau dydd yn ddiweddarach. Awgrymwyd hefyd mai'r symbol hwn a gynrychiolai'r enaid ym mytholeg yr Eifftiaid (credid bod yr enaid yn gadael y corff drwy'r ffroenau – dyna arwyddocâd y siâp atalnod). Dyma'r dehongliad anos i'w dderbyn gan nad oes modd gweld sut y

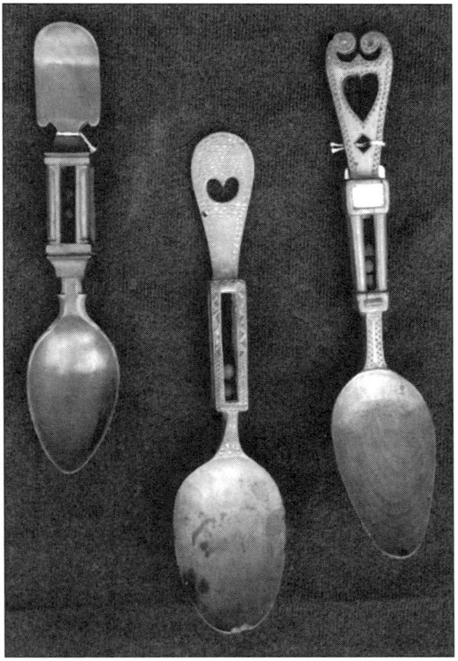

Llwyau nodweddiadol o'r 19eg ganrif yng nghasgliad Amgueddfa Werin Cymru

byddai symbol o'r fath wedi cael ei drosglwyddo i'r llwy garu; serch hynny, mae'n un o'r dehongliadau a ddyfynnir fynychaf.

Credid bod diamwntau yn cynrychioli cyfoeth (nid cyfoeth ariannol o reidrwydd) ond mae'n bur debyg mai'r prif reswm dros boblogrwydd y diamwnt a ffurfiau geometrig eraill oedd am eu bod yn hawdd i'w cerfio a'u bod o fewn gallu'r llanciau ifanc, dibrofiad.

Cynrychioli 'olwyn bywyd' wnâi gwahanol fathau o olwynion ac yn aml iawn byddai cerfwyr yn eu llunio drwy addasu siapiau blodau cyfarwydd gyda chwmpas deubig. Câi rhai olwynion eu naddu ac eraill eu torri ond nid oedd yr un o'r ddau ddull yn hawdd oni bai bod y pren yn galed iawn.

Nid oedd patrymau Celtaidd plethedig yn gyffredin ar lwyau gwreiddiol ac ni welwyd mohonynt ar lwyau caru tan yn ddiweddar iawn, pan ddaeth pob math o bethau Celtaidd yn boblogaidd. Siâp arall na welwyd mohono ar lwyau gwreiddiol ond sy'n un a ddefnyddir yn aml gan gerfwyr cyfoes yw pedol, a chlychau priodas hefyd.

Un o'r addurniadau mwyaf anghyffredin a'r anhawsaf i'w ddeall ar lwy garu yw siâp cyllell a fforc sydd bob tro wedi'u cerfio'n dri dimensiwn. Ceir enghreifftiau o fforc, yn hytrach na llwy, ar gadwyn ond ni wyddwn ai amrywiad ynteu addurn gydag arwyddocâd neilltuol iddo oedd hwn. Parau o gyllyll a ffyrc wedi'u gosod un ar bob ochr y llwy oedd fwyaf cyffredin. Un ddamcaniaeth ddiddorol yw fod y gyllell a'r fforc yn cynrychioli awydd y cerfiwr i fagu plant a'u bwydo. Mae'n amrywiad digon teilwng ar ddamcaniaeth y 'peli mewn cawell' gyda nifer y peli'n cynrychioli'r plant y dymunid eu magu. Theori gredadwy arall yw fod y gwneuthurwr, drwy gerfio cyllell a fforc, yn dymuno cael gwraig i'w fwydo – rhywbeth cwbl ddisgwyliedig o fywyd priodasol yn

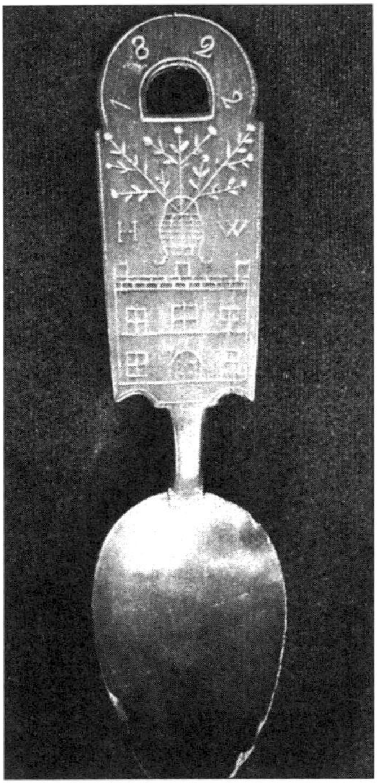

Llwy pren ffrwythau o ddechrau'r 19eg ganrif gyda llun o dŷ wedi'i grafu arni a'r llythrennau, 'H.W., 1822'.

y gorffennol.

Mae casglwyr ac ymchwilwyr wedi ymddiddori'n fawr yn nulliau'r cerfiwr o awgrymu i'w gariadferch faint o blant yr hoffai ei gael ar ôl iddynt briodi. Y maent hefyd wedi anghytuno ynghylch y dulliau hyn. Awgrymodd Ernest Pinto mai nifer y dolennau ar y gadwyn oedd yn cynrychioli dymuniad y cerfiwr ond nid oedd y ddamcaniaeth hon yn un boblogaidd gan fod nifer fawr iawn o ddolennau ar rai llwyau. Gwnaed rhai gyda mwy na dwsin o ddolennau ac er bod teuluoedd mawr yn gyffredin ers talwm, byddai'r fath awgrym wedi dychryn merch ifanc am ei heinioes bid siŵr a gwneud iddi ailystyried cais y cerfiwr.

Y ddamcaniaeth fwyaf poblogaidd, a'r un a ddyfynnir amlaf y dyddiau hyn o'r herwydd, yw mai nifer y 'peli mewn cawell' sy'n cynrychioli nifer y plant. Mae'r peli'n amrywio o ddwy i ddwsin, sy'n fwy derbyniol na'r nifer yn y ddamcaniaeth flaenorol. Mae'n bur debyg bod rhai cerfwyr amhrofiadol yn colli ambell bêl ar ganol y gwaith naddu ond ar y cyfan roedd hi'n haws rheoli nifer y peli na nifer y dolennau mewn cadwyn gan mai gwneud y llwy ac yna cerfio'r gadwyn nes bod yr holl bren wedi'i ddefnyddio a wnâi'r cerfiwr a byddai torri dolen yn difetha'r llwy gyfan. O'r herwydd roedd hi'n gryn gamp i gerfiwr amhrofiadol geisio pennu nifer y dolennau ymlaen llaw. (Un manylyn diddorol, er ei fod yn amherthnasol yn y cyswllt hwn, yw mai naddu cadwyn yw'r unig ffordd o ymestyn darn o bren drwy ei dorri.)

Mae cysylltiad dolennau a chadwyni â phriodi yn gwbl amlwg ond mae'r gred mai dim ond morwyr a fyddai'n eu cerfio yn anghywir, oni bai bod angor neu addurn mordwyol arall ar y llwy wrth gwrs. Priodolir llwyau gydag addurniadau wedi'u llenwi â chwyr coch a du i forwyr hefyd.

Roedd cerfio cadwyn yn waith llaw poblogaidd iawn ymysg gwerin rhai o daleithiau dwyreiniol Unol Daleithiau'r Amerig, yn enwedig

Kentucky ac Indiana. Cadwyni bychain, cain oedd rhai ohonynt ac eraill yn ddolennau anferth, droedfeddi o hyd ambell dro. Byddai carcharorion rhyfel yn cerfio dolennau hefyd a pha well symbol i rywun yn y fath sefyllfa druenus na chadwyn. Honnir bod un enghraifft gywrain yn waith llaw carcharor rhyfel yng Ngharchar Caerdydd yn ystod rhyfeloedd Napoleon.

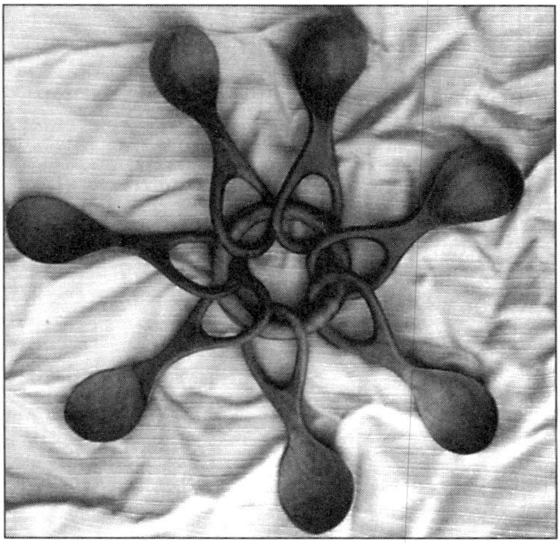

Llwy garu o bren afallen o waith yr awdur. Mae'r dechneg 'cadwyn dragwyddol' yn seiliedig ar lwy wreiddiol o gasgliad Pinto, y dywedir iddi gael ei gwneud gan garcharor adeg rhyfeloedd Napoleon.

Mewn erthygl yn y cylchgrawn *Embroidery* yn 1937 cyfeiriodd Dorothy Wright at lwy anghyffredin iawn o gyfnod rhyfeloedd Napoleon gydag addurn manwl iawn o ddyn wedi'i wisgo yng ngwisg iwmyn Sir Drefaldwyn arni. Yn anffodus, ni wyddys ble mae'r llwy honno bellach.

Mae naddu drwy grafu asglodion oddi ar wyneb darn o bren yn dechneg gyfarwydd ledled y byd ac nid techneg benodol ar gyfer gwneud rhoddion serch yn unig mohoni. Roedd yn gyfle da i'r cerfiwr arddangos ei fedrusrwydd yn ogystal â threulio oriau hirion yn hamddena. Mae'r dechneg naddu hon wedi bod yn un boblogaidd ar gyfer addurno pob math o waith llaw'r werin ac yn ffordd ddelfrydol o addurno darn mawr gwastad o bren plaen. Serch hynny, nid techneg hawdd mohoni ac o'r herwydd mae rhai o'r addurniadau a welir ar lwyau caru yn anghelfydd iawn, nid fel y patrymau cywrain a welir ar ddodrefn o wledydd yr Alpau. Mae cerfwyr heddiw hyd yn oed yn amharod iawn i droi eu llaw at y dechneg arbennig hon oni bai eu bod yn grefftwyr medrus iawn.

Nid oes neb wedi profi'r honiad fod arwyddocâd crefyddol i'r grefft o naddu asglodion oddi ar wyneb darn o bren ac fe dderbynnir drwodd a thro mai techneg addurno yn unig ydoedd. Yn rhyfedd iawn, ar wahân i ambell groes, ni welir unrhyw symbolau crefyddol ar lwyau cynnar. Awgrymwyd unwaith fod deuddeg dolen ar lwy yn cynrychioli'r disgyblion a thair yn cynrychioli'r Drindod Sanctaidd, tra bod modrwy dro yn symbol o'r cyfamod priodasol. Mae'n anodd profi bod cysylltiad rhwng llwyau caru a defodau Catholig hynafol. Yn ôl y traddodiad, o dŷ fferm yn ardal Dolgellau y daw'r llwy garu a adnabyddir fel 'Y Llwy Sanctaidd' ac fe gâi ei thrysori'n fawr gan ei pherchnogion. Honnir iddi gael ei hachub o Abaty Cymer gerllaw yng nghyfnod diddymu'r mynachlogydd. Mae iddi gynllun hollol wahanol i lwyau caru eraill ond yn ôl y sôn byddai llanciau ifanc y fro yn ei defnyddio wrth gynllunio'u llwyau caru eu hunain. Ar y pryd fe'i dyddiwyd oddeutu 1500. Fe wrthodai'r perchennog drafod o ble na sut y daeth y llwy i'w feddiant a bellach ni chaf fyth wybod ai'r llwy wreiddiol ynteu gopi diweddarach a ddangoswyd i mi y diwrnod hwnnw.

Byddai achlysuron arbennig yn symbylu crefftwyr i gerfio llwyau caru. Cerfiwyd dwy (a rhagor efallai) pan agorwyd Pont y Borth yn 1826 a chynhyrchwyd nifer o lwyau i gofio dathlu jiwbilî'r Frenhines Victoria yn 1897. Yn ôl y sôn fe gerfiwyd llwy gyda choron, yr arfbais frenhinol a'r gair *'jubilee'* arni gan hen ŵr mewn lloches yng Nghaer. Honnwyd ei fod yn bwriadu rhoi'r llwy i'r frenhines ond ni ddigwyddodd hynny. Ni wyddus ble mae'r llwy honno bellach ychwaith.

Symbol arall a fyddai'n gryn her i'w naddu ar lwyau oedd swp o allweddi ynghyd â chlo a thwll clo. Fe allai gynrychioli caethiwed llythrennol neu gaethiwed y cwlwm priodasol.

Nid yw llwyau dwbl yn gyffredin ac mae mwy na dwy yn hynod anghyffredin. Gwelir pâr o lwyau'n gyfochrog ar waelod panel ambell waith, neu ar ddeupen cadwyn, i gynrychioli undod mae'n debyg. Mae llwyau llai ar y prif banel yn hynod anghyffredin er bod rhai cerfwyr cyfoes yn defnyddio'r addurniadau bychain hyn i gynrychioli plant.

Mae rhai symbolau llai cyffredin yn brawf o ddyfeisgarwch y crefftwr. Ymhlith yr addurniadau difyrraf gwelir sbectol, llwy siâp asen (dylanwad Beiblaidd bid siwr), gefail siwgr, a swp o lwyau ar gylch. Ceir amlinelliad bras o dŷ ar wyneb un llwy i ddangos i'r ferch fod gan y cerfiwr gartref ar ei chyfer, neu'r gallu i adeiladu un efallai. Naddu yn ôl ei allu a wnâi pob llanc ifanc, neu ymateb i ddylanwadau yn ei amgylchfyd boed y rheiny'n gysylltiedig â byd hudol serch a chariad neu beidio.

Anaml iawn y gwelid enw merch ar y llwyau caru gwreiddiol ond fe geir un math o lwy y credir iddi darddu o Sir Gaernarfon gyda cwarel gwydr a darn o bapur gydag enw merch y tu ôl i'r gwydr. Addurnid llwyau â brithwaith o wydr lliw a darnau o famaeth y perl ar brydiau hefyd.

Dwy lythyren a gerfid ar lwyau fel rheol ond ni ellir gwybod ai llythrennau cyntaf enw bedydd a chyfenw'r ferch oeddent ynteu llythrennau cyntaf enwau bedydd y ddau gariad. Ar lwyau cynnar mae'r llythrennau wedi eu naddu ar y cefn ond yn ddiweddarach daethant yn rhan o'r addurniadau ar flaen y llwy garu.

Byddai pâr o esgidiau pren bychain yn un math o anrheg a dderbyniai gŵr a gwraig ar ddydd eu priodas ond nid oes llawer o rai gwreiddiol wedi goroesi. Ni ellir eu galw'n rhoddion serch gwirioneddol ychwaith oni bai eu bod wedi cael eu cerfio gan y priodfab ei hun. Mae cryn dipyn o ofergoeledd ynghlwm wrth roddion serch, er bod arwyddocâd Beiblaidd i bâr o esgidiau, a hyd heddiw fe welir esgidiau arian bychain ar deisennau priodas. Mae nifer o esgidiau plant bychain wedi cael eu darganfod mewn sylfeini hen dai – wedi eu claddu yno fel arwydd o fywyd newydd efallai.

Ym mhenllanw poblogrwydd yr arferiad o roi llwy addurnedig fel arwydd o gariad, byddai llwyau caru yn cael eu cynhyrchu ledled Cymru ac mae enghreifftiau wedi goroesi ym mhob un o'r hen siroedd. Yn groes i'r gred gyffredin ni chyfyngid rhai mathau arbennig o lwyau i wahanol ardaloedd; chwiw a medrusrwydd y cerfiwr unigol fyddai'n penderfynu pa fath o batrymau a gâi eu naddu. Byddai'r mwyafrif yn cynllunio'u llwyau eu hunain ac mae astudiaeth drylwyr o'r ychydig gannoedd o hen lwyau gwreiddiol a welir mewn amrywiol gasgliadau heddiw yn profi nad oedd patrymau'n cael eu cyfyngu i ardaloedd penodol. Ychydig iawn o lwyau a welir gyda'r un cynllun yn union ond mae'n bur debyg bod llwyau gwreiddiol wedi cael eu copïo pan ddirywiodd y grefft a phan ddechreuwyd cynhyrchu llwyau caru i'w rhoi'n anrhegion priodas.

Daeth ychydig o'r llwyau caru a welir heddiw mewn casgliadau cyhoeddus o blastai'r bonedd ond ni ellir dynodi'n bendant pa deuluoedd oedd perchnogion y llwyau hyn, hyd yn oed mewn ardaloedd gwledig. Ni ellir dweud ychwaith a oedd rhai o'r llwyau yn eiddo i rywun enwog, er bod un yng nghasgliad Amgueddfa Werin Cymru gyda'r geiriau hyn wedi eu naddu, yn ddiweddarach o bosib, ar ei chefn: *'This spoon belonged to Ellis Wynne'*. Nid oes modd profi ai'r enwog Fardd Cwsg oedd hwn.

Mae gweld cyfeiriad merch ar lwy garu yn beth anghyffredin iawn a hyd y gwn i dim ond un llwy o'r fath sydd ar gael, sef yr enghraifft wych honno yn Amgueddfa Brycheiniog sy'n dyddio o 1843 gyda'r geiriau canlynol arni: *'Mary Davies, Coed, Land y Vailog Vach.'* Mae'n rhyfedd iawn bod enw'r pentref bach cyfagos, Llandyfaeloch Fach, wedi cael ei Seisnigo yn y fath fodd.

3. *Y dirywiad*

Er bod llanciau ifanc wedi parhau i gerfio llwyau caru hyd at ddiwedd y bedwaredd ganrif ar bymtheg, dirywiodd eu poblogrwydd fel rhoddion serch yn raddol o tua 1850 ymlaen. Dylanwadodd sawl peth ar ddirywiad yr arferiad o wneud rhoddion serch yn ogystal â phob arferiad gwerin arall a oedd yn ymwneud â charu a phriodi. Dim ond yn rhannol y gellir beio Seisnigo'r hen ffordd Gymreig o fyw, yn ogystal â sgil-effeithiau niweidiol cyhoeddi'r 'Llyfrau Gleision' ar gyflwr addysg yng Nghymru yn 1847 a oedd yn bwrw sen a gwawd ar draddodiadau a diwylliant y wlad. Symudodd bechgyn ifanc o gefn gwlad i'r trefi diwydiannol gan droi cefn ar arferion a thraddodiadau hynafol eu cyndadau.

Bu'r Cymry eu hunain yn lled gyfrifol am y dirywiad hwn hefyd wrth i Anghydffurfiaeth gael gwared â phob elfen o fwynhad o'r gymdeithas. Erbyn canol y ganrif roeddent wedi llwyddo i ddileu'r arferiad diniwed 'caru yn y gwely' ac felly daeth hi'n anodd iawn i ddau gariad fod ar eu pennau eu hunain.

Mae'n anodd dadansoddi effaith y feddylfryd gaeth hon ar ddirywiad yr arferiad o wneud llwyau fel rhan o ddefod serch ond fe barhaodd mewn mannau eraill, a hynny wrth i ymfudwyr chwilio am fywyd gwell yn y 'Byd Newydd'. Yn ei nofel *The Race of the Tiger* mae Alexander Cordell yn dilyn hynt a helynt teulu o Gymry a ymfudodd i America. Yn ystod y fordaith gwelir llanc ifanc yn cerfio llwy garu ac er mai ffuglen yw gwaith Cordell, mae'n wir fod yr arferiad wedi llwyddo i groesi Môr yr Iwerydd.

Am fod nifer y bechgyn ifanc a roddai lwyau caru yn rhoddion i'w cariadon wedi gostwng, roedd llai a llai yn troi eu llaw at gerfio ffwrdd-a-hi ac ymhen amser dim ond y cerfwyr medrus fyddai'n naddu llwyau cywrain. Anrhegion priodas neu roddion i gyfeillion oeddent ar y dechrau ond fe geir tystiolaeth sy'n profi bod llwyau'n cael eu comisiynu erbyn y 1860au am nad oedd gan y rhoddwr y ddawn i gerfio'i lwy garu ei hun.

Er enghraifft, cerfiwyd dwy lwy garu hardd a oedd yn debyg iawn i'w gilydd, ond nid yn union yr un fath, gan Thomas Williams, Ystradgynlais i'w rhoi'n anrhegion priodas yn 1867. Dim ond cyllell boced a ddefnyddiodd i naddu'r ddwy lwy ac fe gaent eu trysori'n fawr gan y teulu ddeugain a phump o flynyddoedd yn ddiweddarach.

Roedd yr arferiad o wneud llwyau caru ar ran rhywun arall wedi hen ennill ei blwyf erbyn y 1880au. Ar gyllell a fforc a gerfiwyd yn ystod y cyfnod hwnnw gwelir y geiriau canlynol ar y carn a'r troed: *'Madam Sybil Margaret Thomas, born February 25 1857. Married 27 of June 1882.'* Er nad

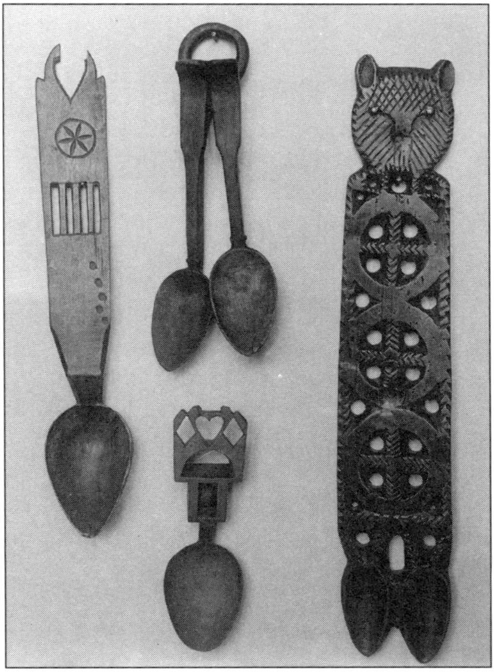

Tair llwy banel ac un llwy ddwbwl

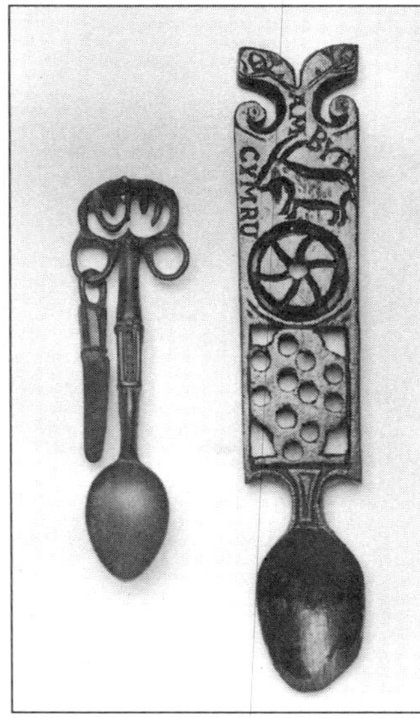

Cyllell a fforc ar un llwy; y geiriau 'Cymru am Byth' ar y llall

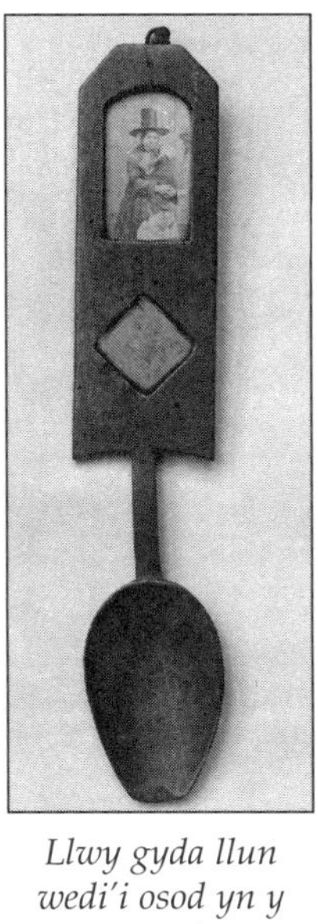

Llwy gyda llun wedi'i osod yn y panel

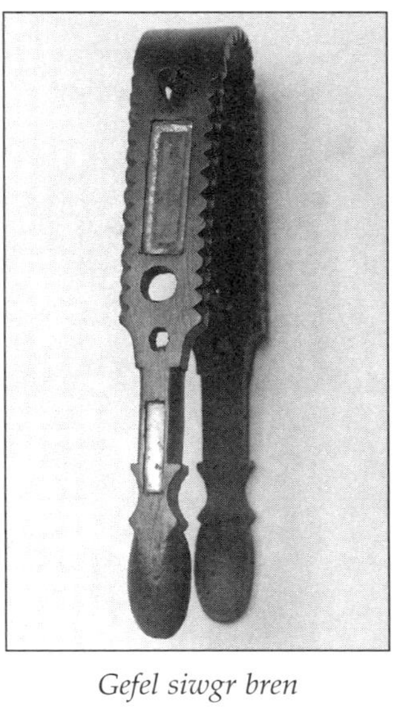

Gefel siwgr bren

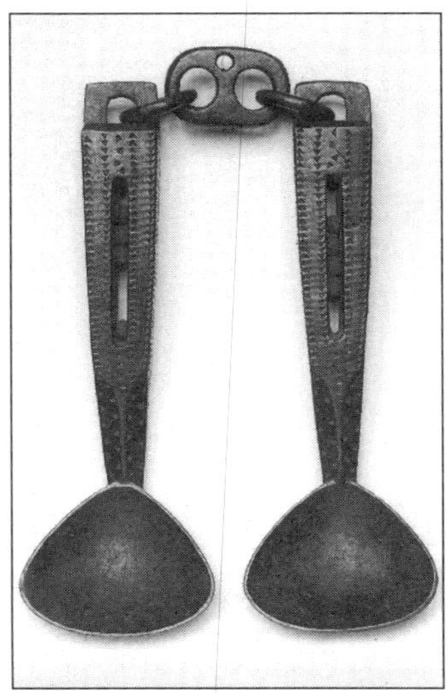

Dwy lwy wedi'u dolennu â'i gilydd; sir Benfro

ydynt o wneuthuriad da iawn maent yn unigryw gan mai dyma'r rhoddion cynharaf gyda chofnod ysgrifenedig hir arnynt ac er nad ydynt yn llwyau caru gwirioneddol ychwaith, maent yn dystiolaeth glir o'r newid yn nhraddodiad gwneud a rhoi llwyau addurnedig yn ail hanner y bedwaredd ganrif ar bymtheg.

Er nad oes dyddiad arnynt, gellir priodoli nifer o'r llwyaf mwyaf cain eu gwneuthuriad a welir mewn amrywiol gasgliadau i'r cyfnod hwn. Maent hefyd yn brawf bod y cerfwyr erbyn hynny yn hyddysg iawn yn eu maes, os nad yn wneuthurwyr llwyau proffesiynol ac felly, am y tro cyntaf, gallai llanc ifanc a ddymunai roi llwy garu i'w gariad yn ôl yr hen ddefod Gymreig ofyn i rywun mwy medrus nag ef ei hun i wneud llwy ar ei ran.

Erbyn ail hanner y ganrif caed arwyddion bod yr arferiad Cymreig hwn wedi diflannu bron yn gyfan gwbl. Cyhoeddwyd nifer o bapurau a chylchgronau megis y *Cambrian Journal* a *Bygones* a oedd yn annog gohebiaeth gan y darllenwyr ynghylch arferion gwerin, ond ni cheir unrhyw sylwadau nac ymholiadau am lwyau caru rhwng eu cloriau.

Ni welodd y nofelydd Daniel Owen unrhyw ddiben mewn cyfeirio at yr arferiad o wneud llwyau caru ymysg yr ifanc yn ei bortreadau lliwgar o fywyd gwledig a dinesig gogledd-ddwyrain Cymru. Pan ddechreuwyd cyhoeddi papurau newydd lleol a chenedlaethol o'r 1850au ymlaen ni welwyd erthyglau, llythyrau nac ymholiadau yn ymwneud â llwyau caru o fewn eu cloriau hwythau ychwaith. Er bod dylanwad Anghydffurfiol cryf ar rai ohonynt, megis y *Cronicl* a'r *Tyst* a'r *Dydd* yn ddiweddarach, ni ellir deall pam na dderbyniodd yr arferiad gwerin diniwed hwn, os oedd yn dal i fodoli, unrhyw fath o sylw yn y papurau.

Erbyn troad y ganrif roedd yr arferiad wedi mynd yn un mor anghyffredin nes sbarduno Romilly Allen, Cymrawd yn y Gymdeithas Hynafiaethwyr, i yrru cais ar ffurf erthygl at gylchgrawn archeolegol adnabyddus yn holi am fwy o wybodaeth. Yn ei erthygl gwelir lluniau o lwyau mewn casgliadau preifat ond tila iawn oedd yr ymateb a dderbyniodd.

Llwyddodd y sawl a oedd yn casglu llwyau caru ym mlynyddoedd cynnar yr ugeinfed ganrif i gael gafael ar nifer o lwyau ac mae'n bur debyg bod digon ohonynt ar gael yn y 1920au a'r 1930au hefyd, ond prin iawn oedd y dystiolaeth ddogfennol amdanynt. Ar ôl sylweddoli na allai gyfrannu prin ddwy dudalen o hanes y llwyau i'w gyfrol *Domestic Utensils of Wood*, ysgrifennodd yr awdur, Owen Evan Thomas: *'It seems a very great pity that so little attention has been paid to the folk lore of the Welsh love spoon, and the interesting customs and beliefs that must have centred upon it.'*

Fe ymddengys i'r arferiad ddiflannu am byth gan fynd â rhan bwysig o'r traddodiad gwerin i'w ganlyn, ond efallai ein bod ninnau wedi camgymryd hefyd. Er yr holl ddiddordeb a'r cyhoeddusrwydd y mae llwyau caru wedi eu cael dros yr hanner canrif a aeth heibio, onid yw hi'n bosib mai dim ond rhyw arferiad gwledig rhyfedd a diystyr oedd rhoi llwyau caru i gariadon wedi'r cyfan, ac mai'r ychydig lwyau gwreiddiol sydd wedi goroesi yw'r unig rai a wnaed erioed efallai? Mae un ffaith bendant serch hynny: mae mwy o lwyau caru wedi cael eu cynhyrchu yng Nghymru yn ystod y pum mlynedd ar hugain diwethaf nag a wnaed gydol y ddwy neu dair canrif flaenorol. Ni ellir dadlau poblogrwydd y llwy garu fel anrheg dyweddïo neu anrheg priodas ond mae digon o dystiolaeth ar gael hefyd i brofi bod y grefft o gerfio llwyau caru yn parhau'n weithgaredd amser hamdden poblogaidd, gan sicrhau lle blaenllaw i'r llwy garu yng nghelfyddyd werin yr ugeinfed ganrif. Boed i'w hanes lliwgar a'r her o'u cerfio barhau am flynyddoedd i ddod.

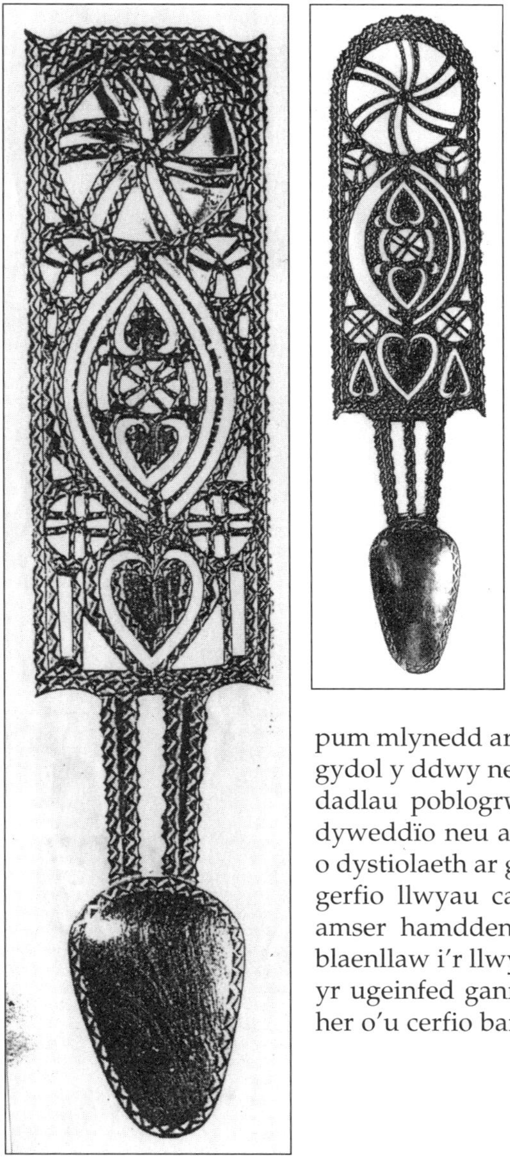

Dwy lwy garu o waith Thomas Williams, Ystradgynlais – anrheg priodas yn 1857. Sylwer ar y defnydd helaeth o gerfio sglodion a'r gwaith tyllu ar bob wyneb heblaw cafn y llwy. Tynnwyd y llun rhyw 40 mlynedd yn ddiweddarach pan oedd yn dal yn rhan bwysig o drysorau'r teulu.

4. *Casgliadau*

Dechreuwyd casglu llwyau caru ar ddechrau'r ugeinfed ganrif a chynyddodd y diddordeb yn gyflym yn ystod y tri degawd canlynol. Honnai Ernest Pinto, un o'r casglwyr preifat mwyaf blaenllaw ym maes nwyddau pren, iddo brynu ei lwy garu gyntaf pan oedd yn fachgen, cyn y Rhyfel Byd Cyntaf, a hynny am 8/6 mewn ffair sborion yn Llundain. Wedi'r rhyfel cynyddodd y diddordeb mewn casglu hen bethau pren a daeth Pinto ac Owen Evan Thomas yn gasglwyr adnabyddus.

Roedd Owen Evan Thomas yn fab i fferyllydd o Gastell-nedd a drigai yn Llundain yng nghanol y 1920au. Yn wahanol i Pinto, prynodd lawer o gynnwys ei gasgliad mewn arwerthiannau yn ne Cymru. Erbyn diwedd y 1920au roedd ganddo tua deuddeg cant o eitemau yn ei gasgliad, gan gynnwys tua hanner cant o lwyau caru. Dangoswyd y llwyau mewn arddangosfa hen greiriau yn Olympia yn 1928 gyda'r Frenhines ymysg y rhai a fu'n eu hedmygu. Yn ystod yr un cyfnod roedd Pinto wrthi'n crynhoi ei gasgliad yntau o farchnadoedd Llundain a hynny'n brawf bod nifer o lwyau caru o Gymru wedi cael eu prynu gan werthwyr hen greiriau o Loegr.

Yn y 1920au, cyn i'w gyfrol am offer pren ymddangos, cynigiodd Owen Evan Thomas werthu ei gasgliad i'r genedl am £10,000 ond gwrthodwyd y cynnig. Mae'n bur debyg mai rhesymau ariannol oedd i gyfrif am y cynnig a'r gwrthod: roedd angen yr arian ar y perchennog ond ni allai'r amgueddfeydd fforddio'u prynu.

Ar ôl methu gwerthu'r casgliad yn ei gyfanrwydd, dechreuodd Evan Thomas werthu rhannau ohono mewn arwerthiannau ac i ychydig o brynwyr preifat yn ystod y 1930au. Mae'n syndod cyn lleied o'r casgliad a brynwyd gan Pinto ond nid oedd ganddo yntau'r arian i brynu cyfran sylweddol ohono ychwaith, fel y soniodd wrthyf yn y 1960au. Gwerthwyd llwyau caru Evan Thomas fesul un ac nid oes neb wedi gweld y mwyafrif ohonynt ers hynny, ar wahân i un neu ddwy a gyflwynwyd i amgueddfeydd rhanbarthol yn ystod y blynyddoedd diwethaf.

Roedd Alan Whitehead o Blas Derwen, y Fenni yn gasglwr adnabyddus arall yng Nghymru. Rhoddion serch wedi eu prynu gan arwerthwyr lleol oedd ei gasgliad ef yn bennaf. Pan fenthycodd ei gasgliad i Amgueddfa Werin Cymru yn 1953 roedd ganddo tua dwsin o lwyau caru ac wrth gymharu'r rhain â'r lluniau yng nghyfrol Evan Thomas fe ymddengys fod tua hanner y llwyau yn dod o'r casgliad hwnnw. Mae bellach yn amhosib cael gwybod ai prynu'r rhain yn uniongyrchol gan Evan Thomas neu'n ddiweddarach gan werthwyr hen

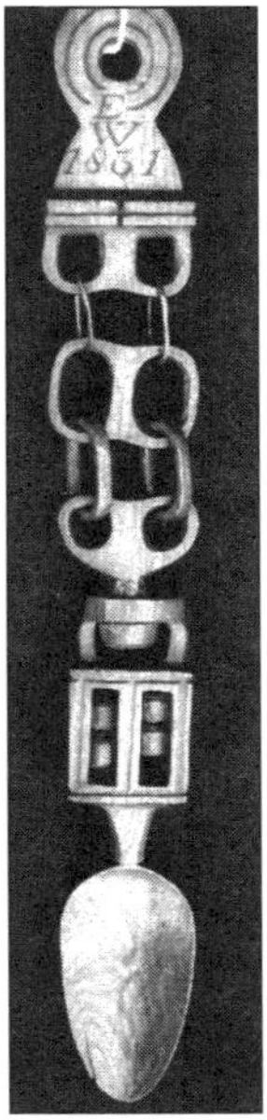

Llwy gyda dolen doredig wedi'i hadfer gan weiren

greiriau a wnaeth Alan Whitehead.

Cynigiwyd casgliad hynod Pinto am £25,000 yn 1966 ar yr amod y byddai'n cael ei arddangos yn ei gyfanrwydd neu mor gyfan â phosib. Bu cryn ddiddordeb yn y casgliad, o du'r awdurdodau lleol yn bennaf, ond roedd y gwasanaeth post ar streic ac i Firmingham yr aeth yn y diwedd gan iddynt fod yn ddigon hirben i gyflwyno'u cynnig drwy alwad ffôn. Er bod nifer o lwyau cerfiedig o dramor yng nghasgliad Pinto, fe allai tua deg ar hugain o lwyau fod yn llwyau caru Cymreig gwreiddiol.

Un o agweddau mwyaf anffodus pob casgliad, boed yn genedlaethol neu'n breifat, yw prinder gwybodaeth am darddiad llwyau unigol. Ni wnaeth gwerthwyr nac arwerthwyr fawr o ymgais i gofrestru ble neu sut y cawsant afael arnynt. Un eithriad oedd yr arwerthiant a gynhaliwyd gan J. Kyrle Fletcher, Bond Street ym mis Mehefin 1936. Roedd gan y cwmni gangen yng Nghasnewydd ac mae'n ddigon rhesymol tybio mai drwy'r gangen honno y cawsant afael ar yr hanner cant a mwy o lwyau a ymddangosodd yn yr arwerthiant. Yn llawlyfr yr arwerthiant, sy'n cynnwys ychydig luniau hefyd, cofnodwyd yn fanwl o ble y daeth y llwyau yn ogystal ag unrhyw wybodaeth berthnasol arall. Petai arwerthwyr eraill y cyfnod wedi cofnodi gwybodaeth mor fanwl byddai gwaith ymchwilwyr cyfoes yn llawer iawn haws.

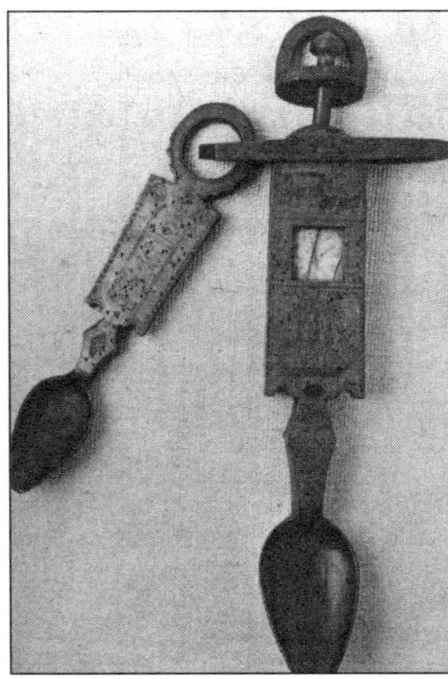

Llwy garu gydag un darn ar goll, gyda phanel gwydr ac addurniadau cwyr a chynlluniau morwrol

Rhestrir amcanbris pob llwy yn y llawlyfr: £12 oedd yr amcanbris uchaf am y llwy orau a'r gweddill yn £2 neu fwy. Roedd hynny'n llawer iawn uwch na chyflog wythnos yn y 1930au a hynny'n brawf pendant fod llwyau caru yn fuddsoddiadau da ac yn hawlio pris uchel hyd yn oed ym mlynyddoedd y dirwasgiad.

Cynhaliwyd yr arwerthiant llwyau caru ddiweddaraf yn *Sotherby's*, Llundain yn 1999 pan werthwyd dros ddeg ar hugain o lwyau. Nid yw llawlyfr yr arwerthiant yn nodi o ble daeth y llwyau ond fe ymddengys bod y mwyafrif, os nad y cyfan ohonynt, yn rhan o gasgliad preifat na ddangoswyd yn gyhoeddus ers blynyddoedd. £3,000 oedd amcanbris y llwy harddaf (gyda phatrwm ruban Celtaidd ar ffurf 'cadwyn ddiddiwedd' a ddyddiwyd oddeutu dechrau'r bedwaredd ganrif ar bymtheg, sydd ychydig yn rhy obeithiol efallai gan mai llwy ddiweddarach ydyw mae'n bur debyg). Gosodwyd amcanbris o £3,500 ar ddwy lwy fawr anghelfydd o bren ffawydd a fesurai tua 27 modfedd o hyd. Fe ymddengys bod 'maint yn bwysig' ym myd y llwy garu hefyd.

Honnwyd bod llwyau cerfiedig yn arfer cael eu cyflwyno'n rhoddion serch yn Llydaw hefyd ond yn ôl y gwaith ymchwil dim ond llwyau bychain i'w gwisgo yn hetiau'r dynion ar achlysuron arbennig a ddarganfuwyd. Efallai bod llwyau o darddiad Llydewig mewn casgliad yn y *Musie des Artes et Traditions Populaires* ym Mharis.

Gwelir ychydig dros ddau gant o lwyau yng nghasgliad cenedlaethol Amgueddfa Werin Cymru ac mae amgueddfeydd rhanbarthol, Aberhonddu yn enwedig, wedi casglu tua dwsin. Ni ellir honni eu bod oll yn hen lwyau 'gwreiddiol': mae tua deg o lwyau'r casgliad cenedlaethol yn rhai a wnaed yn yr ugeinfed ganrif neu'n 'amheus' mewn rhyw ffordd neu'i gilydd.

Mae'n amhosib gwybod faint o lwyau caru sydd mewn casgliadau preifat heddiw gan fod perchnogion yn amharod iawn i ddatgelu faint o lwyau sydd ganddynt oherwydd pris presennol y farchnad. Ers yr adfywiad yn y diddordeb mewn llwyau caru fe gynhelir arwerthiannau o bryd i'w gilydd a bydd llwyau digon plaen yn cael eu gwerthu am gannoedd o bunnau.

Ychydig flynyddoedd yn ôl gwerthwyd dwy lwy garu wedi torri ac mewn cyflwr gwael iawn am £200 yr un o amgueddfa breifat yng Ngheredigion ac mewn arwerthiant ffôn ar raglen deledu yn niwedd 1994 gwerthwyd llwy ddigon derbyniol, ond nid un hynod gain serch hynny, am dros £300. Mae'n anochel y bydd ambell lwy garu ffug yn ymddangos mewn siopau hen greiriau yn y dyfodol – digwyddodd hynny pan ddechreuodd pobl gasglu llwyau caru bedwar ugain o flynyddoedd yn ôl hefyd – ond mae'r mwyafrif ohonynt o wneuthuriad sâl iawn ac fe all arbenigwyr ddatgelu'r twyll ar amrantiad.

Oherwydd dirgelwch rhai o'r casgliadau ni ellir ond dyfalu faint o lwyau gwreiddiol sydd wedi goroesi. Ar wahân i lwyau o'r ugeinfed ganrif, go brin fod mwy na thua phum cant o lwyau o'r ddwy ganrif flaenorol wedi goroesi ac efallai bod yr amcangyfrif hwn yn rhy obeithiol. Ymhen ychydig flynyddoedd bydd ceisio amcangyfrif faint o lwyau sy'n rhai gwirioneddol 'wreiddiol' yn ymdrech anos fyth gan ei bod yn amhosib dyddio offer pren yn fanwl gywir unwaith y byddant wedi dechrau gwisgo a dyddio.

Y dyddiau hyn fe atgyfodir llawer o lwyau caru o lwch storfeydd i'w harddangos i'r cyhoedd wrth i amgueddfeydd ddod yn ymwybodol o'u poblogrwydd cynyddol. Er na ellir cymharu techneg cerfwyr y gorffennol â thechneg cerfwyr proffesiynol cyfoes, mae'n bwysig bod y llwyau caru gwreiddiol yn cael eu gweld a'u gwerthfawrogi am mai nhw yw rhagflaenwyr un o grefftau gwledig mwyaf poblogaidd y blynyddoedd diweddar.

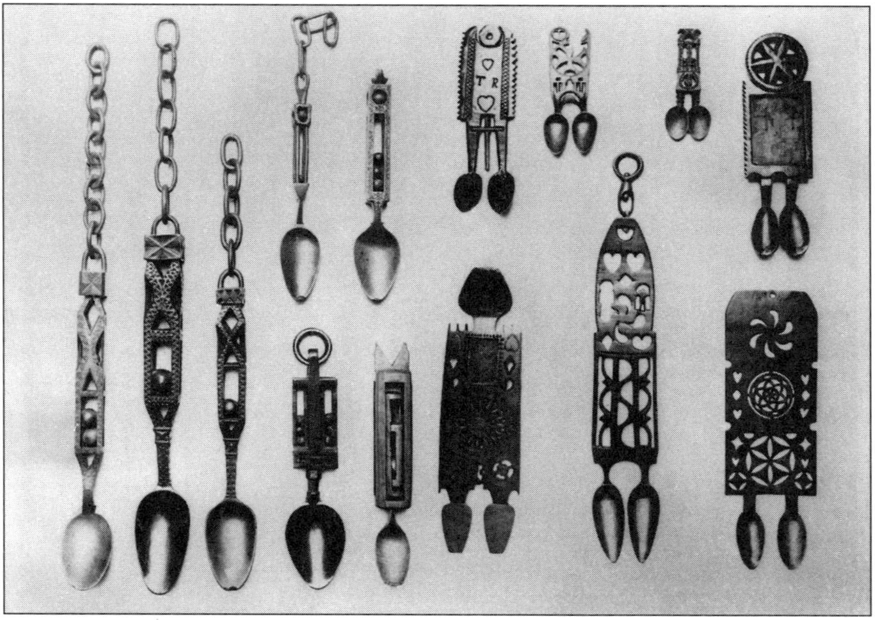

Casgliad o lwyau caru sydd i'w gweld yn Amgueddfa Werin Cymru, Sain Ffagan

5. Yr adfywiad

Oherwydd poblogrwydd cynyddol y grefft o gerfio llwyau caru yn ogystal â chrefftau gwledig eraill ym mlynyddoedd cynnar y 1950au, dechreuwyd cynnal arddangosfeydd yn y trefi mawrion. Drwy gydweithio â'r Bwrdd Diwydiannau Gwledig, corff a sefydlwyd i hybu crefftau gwledig eraill hefyd, bu siopau mawr megis David Morgan, Caerdydd yn noddi wythnos gyfan o arddangosfeydd crefftau. Cafodd nifer o grefftwyr medrus cefn gwlad Cymru – a sawl un ohonynt yr olaf o'u bath – wythnos o lety am ddim yn y brifddinas er mwyn iddynt arddangos eu medrusrwydd o flaen cynulleidfa syn, ymhell bell oddi cartref.

Dyna'r tro cyntaf i nifer ohonynt ymddangos o flaen y cyhoedd ac fe deimlent yn anghyfforddus wrth orfod gweithio y tu ôl i stondinau a addurnwyd i geisio cyfleu naws eu gweithdai gwledig. Câi eraill, o'r ardaloedd Cymraeg eu hiaith, drafferth cyfathrebu drwy gyfrwng y Saesneg i egluro'u technegau cerfio. Daeth ambell un â'i wraig gydag o yn gefn iddo ac yn aml iawn y gwragedd fyddai'n siarad â'r gynulleidfa wrth i'r gŵr swatio'n hunanymwybodol uwchben ei fasged, ffon neu lwy. Treuliodd un cerfiwr llwyau o Bontarddulais yr arddangosfa gyfan yn naddu mewn cornel tra oedd ei wraig yn egluro i'r gynulleidfa yr hyn yr oedd yn ei wneud.

Un o elfennau amlycaf yr arddangosfeydd crefftau hyn oedd oedran y crefftwyr: pob un yn ganol oed neu'n hŷn a rhai yn eithaf oedrannus. Diben pennaf y Bwrdd Diwydiannau Gwledig oedd ceisio dod â gwaith i gefn gwlad drwy elwa ar fedrusrwydd y gweithwyr a oedd eisoes yno, ond ni chafwyd polisi pendant ar gyfer diogelu'r crefftau a oedd yn prysur ddiflannu, na sut i'w cynnal yn fasnachol, oherwydd credent eu bod yn wynebu dyfodol ansicr o fewn yr economi wledig newydd.

Amaturiaid oedd y mwyafrif, os nad y cyfan, o'r holl gerfwyr llwyau caru a ddenwyd i arddangosfeydd y Bwrdd Diwydiannau Gwledig ac nid oeddent yn bwriadu gwerthu eu cynnyrch hyd yn oed petaent yn medru sicrhau marchnad ar eu cyfer, ond pur annhebygol oedd hynny yn y 1950au cynnar.

Roedd chwyldro twristaidd y 1960au ymhell bell i ffwrdd a'r unig farchnad ar gyfer gwerthu llwyau caru oedd ar achlysur dyweddïad neu briodas, yn debyg iawn i'r sefyllfa ar ddiwedd y bedwaredd ganrif ar bymtheg. Dim ond ychydig o'r cerfwyr llwyau at ddefnydd y cartref a oedd ar ôl (gellid eu cyfrif ar un llaw bryd hynny) oedd yn awyddus i ddefnyddio'u crefft i gynhyrchu llwyau addurnedig. Er enghraifft, nid oedd gan Ieuan Evans o Landysul, a oedd wedi ennill nifer o wobrau am

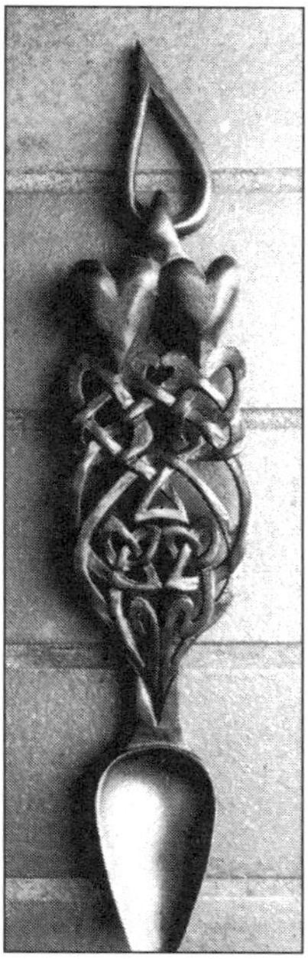

Llwy wedi'i llunio'n lân o bren pisgwydden gan Peter Coupland ar gyfer ei gwerthu

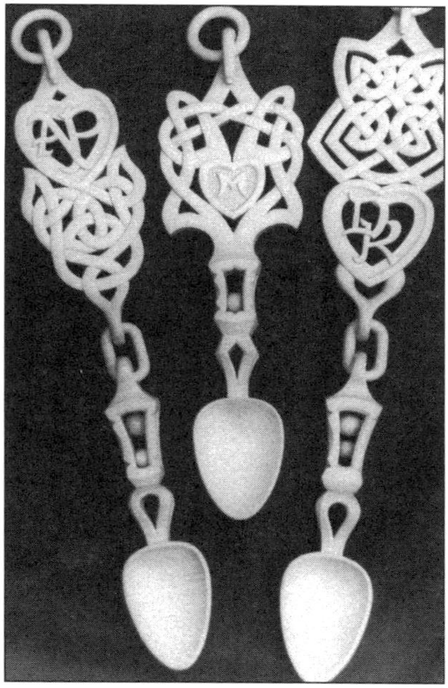

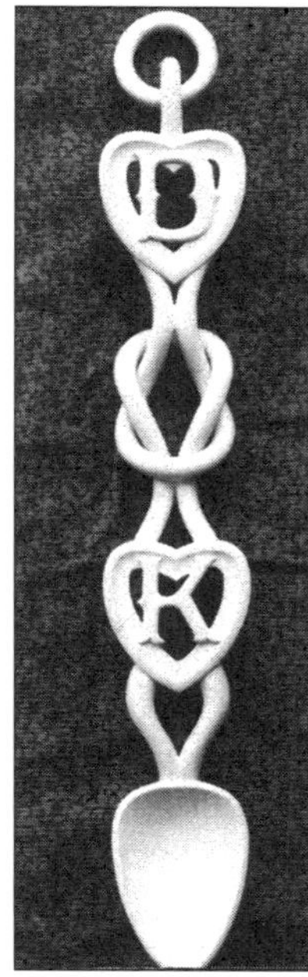

Enghreifftiau ardderchog o waith cerfiwr llwyau o'r radd flaenaf – Alun Davies, Abercynon. Mae'n cynnwys addasiad cyfoes o gynllun rhuban Celtaidd gyda'r peli caeth mewn cawell sy'n culhau.

lwyau a lletwadau i'w defnyddio bob dydd mewn cystadlaethau lleol ers y 1920au, unrhyw fwriad i ddechrau addurno'i lwyau a'u gwerthu fel llwyau caru.

W. R. Evans, neu Bill fel y câi ei adnabod gan bawb, oedd yr unig un o'r criw o gerfwyr a oedd yn prysur ddiflannu a ddechreuodd elwa'n ariannol o'r diddordeb newydd hwn mewn llwyau caru. Bu'n gweithio fel turniwr coed yn Amgueddfa Werin Cymru o 1949 ymlaen ac roedd yn gerfiwr llwyau gweddol dda hefyd, er nad oedd yn arbenigwr o bell ffordd. Erbyn canol y 1950au cynhyrchai lwyau caru mewn dau neu dri o wahanol gynlluniau syml ond deniadol a gymerai ddwy awr yr un i'w cerfio. Ymhen hir a hwyr dechreuodd dderbyn archebion rheolaidd gan ei fod yn gweithio mewn lle delfrydol ar gyfer dod wyneb yn wyneb â darpar gwsmeriaid. Dechreuodd werthu ei lwyau am bunt yr un ond yna cododd y pris i £1.5.0 wrth i'r galw gynyddu.

Ychydig filltiroedd i ffwrdd yn Abertawe dechreuodd Brinley Roberts

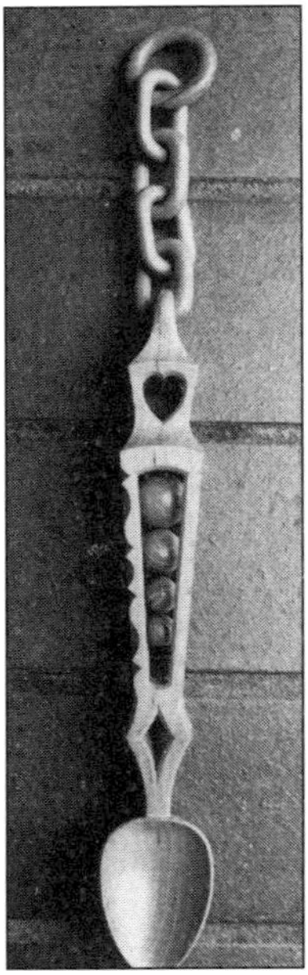

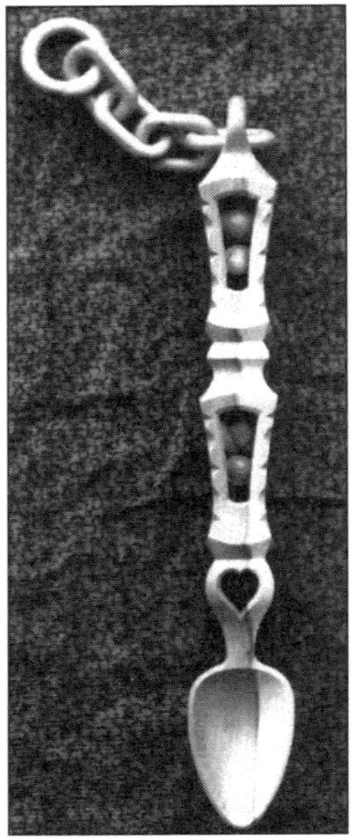

Enghreifftiau eraill o waith cerfiwr llwyau Alun Davies, Abercynon.

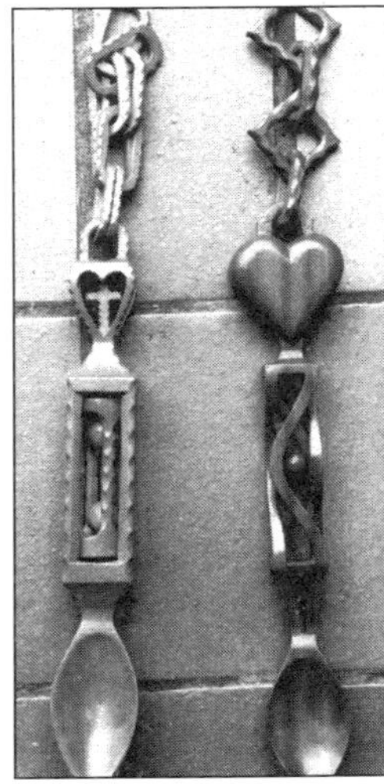

Amrywiad ar dechneg y bêl a'r gawell gan ddefnyddio gwahanol jigs a fframiau ar gyfer eu siapio. Fe'i gwnaed gan David Gwilym Jones, Port Talbot.

o Dreforys gerfio llwyau caru am reswm hollol wahanol, er ei fod yn ddibrofiad. Oherwydd salwch fe'i gorfodwyd i roi'r gorau i'w waith fel peiriannydd awyrennau ac felly roedd yn chwilio am waith ysgafn i'w gadw'n ddiddig a fyddai hefyd yn talu'n weddol dda. Roedd ganddo ddawn naturiol at y gwaith ac ymhen rhai blynyddoedd mae'n debyg mai ef oedd y cerfiwr llwyau caru proffesiynol llawn amser cyntaf erioed. Canolbwyntiai Brinley bron yn gyfan gwbl ar naddu basgerfwedd a daeth yn adnabyddus yn fuan iawn. Fe hyrwyddwyd ei waith ymhellach drwy gymorth Bwrdd Croeso Cymru a ofynnai iddo ddangos ei waith yn rheolaidd mewn arddangosfeydd. Un o'i gomisiynau cyntaf oedd cais gan Ernest Pinto, y casglwr hen offer pren, am lwy gain iddo'i rhoi'n anrheg i'w wraig Eva. Câi nifer o archebion am 'lwyau priodas' hefyd a bu'n ffodus iawn o fedru manteisio ar yr arferiad cynyddol o 'efeillio' trefi a oedd yn boblogaidd iawn bryd hynny. Daeth yn orfodol bron i bob dinas a thref fawr efeillio â dinas neu dref gyffelyb ar y cyfandir. Awgrymwyd fwy nag unwaith mai esgus i gynghorwyr gael gwyliau tramor am ddim ydoedd ond fe gâi Brinley archebion lu gan fod cyfnewid rhoddion yn arferiad ar achlysuron o'r fath. Gwelodd rhywun fod hyn yn

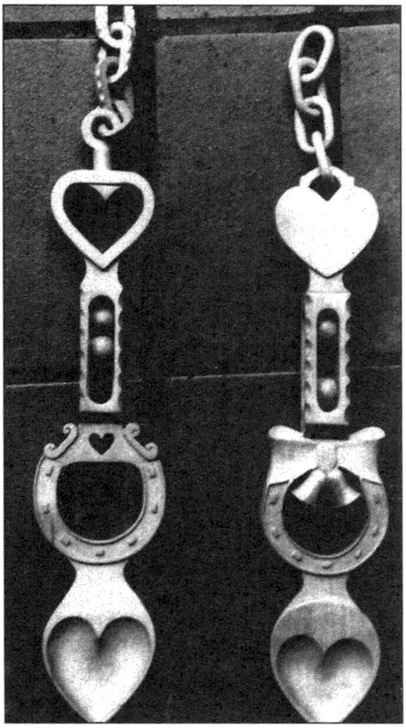

gyfle da i hyrwyddo'r llwy garu Gymreig a dyna pryd y ganed 'llwyau cyflwyniad'. Nid oedd y rhain yn debyg i'r llwyau caru o gwbl gan mai motiffau megis cennin Pedr, dreigiau ac arfbeisiau dinasoedd a threfi oedd arnynt.

Ymddengys bod yr adfywiad mewn cerfio llwyau caru wedi digwydd yn ne a gorllewin Cymru yn bennaf. Un o'r rhai a ymddiddorai'n fawr yn y grefft oedd Len Evans o Abercynffig, Morgannwg ac roedd ganddo ef gryn uchelgais. Roedd yn un o'r ychydig gerfwyr a ddatblygodd ei grefft o gerfio llwyau a lletwadau bob dydd gyda chylchoedd i gerfio llwyau caru, a'i ddyhead oedd cerfio llwy garu i'r Fam Frenhines. Ni eglurodd erioed pam mai ar ei chyfer hi yn benodol y dewisodd gerfio'r llwy ac mae'n gryn syndod ei bod wedi cael ei derbyn o gwbl gan nad oedd y teulu brenhinol yn arfer cymryd crefftau gwledig yn anrhegion. Fe'i derbyniwyd fodd bynnag a daeth Len yn enwog dros nos. Dechreuodd ddarlithio yng nghyfarfodydd Sefydliad y Merched ac mewn cymdeithasau amrywiol. Yn ddi-ffael fe âi a'i gyllyll a'i dwca cam, y teclyn naddu traddodiadol, gydag o er mwyn arddangos i'r gynulleidfa sut y byddai'n gweithio nes bod cryn waith sgubo llwch llif ar ddiwedd y darlithoedd.

Pan ddeuai'r cyhoedd wyneb yn wyneb â cherfwyr llwyau'r cyfnod, credent eu bod wedi bod wrthi'n meistroli'r grefft yn amyneddgar ers blynyddoedd. Fodd bynnag, er bod rhywfaint o wirionedd yn y dywediad 'arfer yw mam pob meistrolaeth' byddai rhai yn cyrraedd y brig heb fawr ddim profiad.

Un o'r rhain oedd Goronwy Pugh a ddaeth i sylw'r cyhoedd pan enillodd y wobr gyntaf yn Eisteddfod Caerffili yn 1950 ac yng Nghaerdydd ddegawd yn ddiweddarach. Er ei fod, fel finnau, yn frodor o Sir Feirionnydd, ni ddeuthum ar ei draws tan flynyddoedd cynnar y 1980au pan gefais wahoddiad i ymweld ag ef ar ei fferm fynydd, Rhiwogo, uwchlaw Tal-y-llyn. Yno cefais hanes ei enwogrwydd-dros-nos pan ddaeth yn un o brif gerfwyr llwyau caru cyfnod yr adfywiad.

Roedd Goronwy wedi bod yn naddu ar hyd ei oes gan dreulio misoedd hir y gaeaf yn cerfio ffyn cerdded, carnau ar gyfer offer gwaith ac unrhyw daclau pren eraill a âi a'i fryd. Pan dynnwyd ei sylw at gystadleuaeth cerfio llwy garu yn y 'Genedlaethol' ni wyddai beth oedd llwy garu, heb sôn am geisio mynd ati i wneud un. Ni ddangosodd unrhyw ddiddordeb ar y dechrau, hyd nes i rywun ei herio na allai fyth wneud llwy o'r fath.

Ni wyddai ble i ddechrau gwneud llwy garu tan iddo weld llun hen lwy gadwyn wreiddiol ac fe ymddengys mai llwy o gasgliad Evan Thomas oedd honno. Gan nad oedd wedi cerfio cadwyn erioed o'r blaen bu'n rhaid iddo ddarganfod y technegau drosto'i hun a chan wybod o brofiad y byddai arno angen pren caled gyda graen clòs, defnyddiodd y pren bocs a gafodd o Blasrhiwsaeson yn Llanbryn-mair.

Fel pob cerfiwr llwyau, ni wyddai Goronwy faint o amser yn union a dreuliodd yn naddu'i gampwaith ac ar ôl gorffen amheuai a oedd y llwy orffenedig yn ddigon da i'w chyflwyno i'r gystadleuaeth. Daeth teulu a ffrindiau i edmygu'i waith gan ei gymeradwyo a chytuno ei fod o leiaf wedi cyflawni'r her a osodwyd o'i flaen a llwyddo i gynhyrchu llwy garu. Mater arall fyddai curo'r 'arbenigwyr o'r Sowth'!

Ond fe enillodd wrth gwrs, a hynny'n anrhydeddus, a'r grefft o gerfio llwyau caru bellach wedi mynd i'w waed. Treuliodd y rhan fwyaf o'i amser hamdden yn ystod y degawd canlynol yn cerfio llwyau ac erbyn 1960, pan ddaeth yn fuddugol yn y Genedlaethol, roedd wedi creu casgliad anhygoel o lwyau 'peli a chadwyn'.

Tybed beth a ddigwyddodd i'w gampweithiau ar ôl ei farwolaeth? Ni allwn ond gobeithio eu bod wedi cael eu cadw gan y teulu ar gyfer yr oesoedd a ddêl. Llwyddodd ei wraig i grynhoi gwaith anhygoel Goronwy mewn ychydig eiriau: 'Dwi ddim yn deall sut y gall rhywun fel Goronwy gyda dwylo mor fawr a thrwsgl greu rhywbeth mor gain a hardd.'

Ni fu ffawd cyn garediced wrth lwyau cerfiwr gwych arall o'r un cyfnod. Trigai Dan Theophylus o Randir-mwyn, Sir Gaerfyrddin ar ei ben ei hun ar fferm ac ar ôl ei farwolaeth canfuwyd nifer o'i lwyau ar domen dail a hithau wedi mynd yn rhy hwyr i'w hachub.

Yn ystod y 1950au prynwyd y rhan fwyaf o lwyau caru yn uniongyrchol gan y cerfwyr am eu bod yn amharod iawn i'w gwerthu i'r siopau crefftau a oedd yn cynyddu mewn nifer. Honnwyd bryd hynny, fel heddiw, fod pris llwyau mewn siopau yn llawer rhy uchel. Byddai'r pris mewn rhai siopau ddwywaith yr hyn a dalwyd i'r gwneuthurwr. Gan nad oedd llawer o lwyau ar gael a'u poblogrwydd yn cynyddu, llwyddai rhai siopau i'w gwerthu mewn byr iawn o dro. Ymhen amser cynyddodd y pris unwaith eto gan fod y galw am lwyau yn fwy na'r cyflenwad a oedd ar gael i'w gwerthu. Yn y dyddiau cynnar hynny achosai hyn ddrwgdeimlad rhwng y gwneuthurwr a'r gwerthwr.

Hyd at y 1960au roedd safon y llwyau a werthid mewn siopau yn weddol uchel ond roedd newid ar droed. Dechreuodd Christos Levardi, mewnfudwr o ganolbarth Ewrop, fusnes a oedd, yn ôl ei gyfaddefiad parod ei hun, wedi ei anelu at haen isaf y farchnad grefftau. Ar ôl gosod gweithdy ar lawr uchaf adeilad blêr yn un o strydoedd cefn Pen-y-bont ar Ogwr, cyflogodd fechgyn lleol i fras naddu'r pren ac ymhen ychydig dechreuodd lenwi'r farchnad â nwyddau rhad ar gyfer ymwelwyr. Dyma pryd y ganed y llwy ffatri.

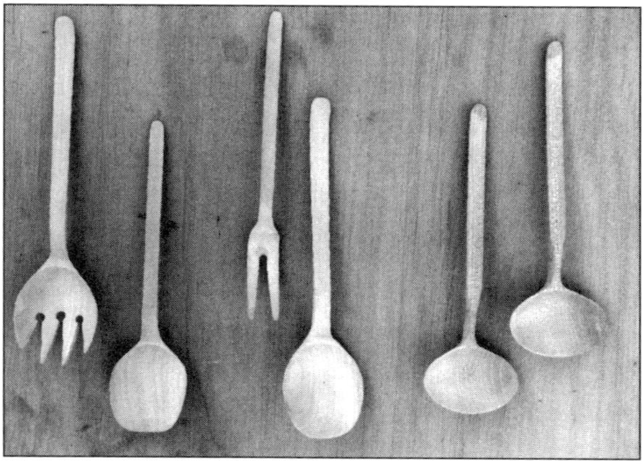

Llwyau a llwyau salad o waith Ieuan Evans, Llandysul; diwedd 1950au

Gwelwyd cynnydd mewn cerfio masnachol yn ystod y 1960au ac erbyn diwedd y ganrif roedd nifer o grefftwyr medrus yn llwyddo i ennill eu bara menyn drwy gerfio. Credai rhai y gallent roi'r gorau i'w gwaith arferol a'u cyflog rheolaidd hyd yn oed. Un o'r rhain oedd Charles Jones o Gricieth, y cerfiwr llwyau caru proffesiynol cyntaf yng ngogledd Cymru efallai. Rhan fechan o'i fenter ef oedd medru cynhyrchu nwyddau o safon digon derbyniol serch hynny; peth arall oedd dod o hyd i werthwyr. Mentrodd Charles rentu siop nid nepell o ganol Cricieth, tref glan-y-môr boblogaidd yng ngogledd Cymru, gan ddibynnu ar werthiant y tymor ymwelwyr nes sefydlu'r busnes yn iawn a sicrhau digon o archebion. Gan ei fod yn defnyddio'r adeilad fel gweithdy a siop, buan iawn y daeth llwch yn broblem wrth iddo geisio cadw'i silffoedd yn lân.

Gosododd gynfasau polithin enfawr rhwng y gweithdy a'r siop a phob tro y byddai cwsmer yn agor y drws, codai'r rhain fel hwyliau llong ar yr awel. Byddai aml i gwsmer yn sylwi ar yr effaith fordwyol ac yn cysylltu'r llieiniau tryloyw â chynlluniau llwyau Charles gan fod dylanwad y môr yn gryf ar y rheiny hefyd.

Er bod gwneuthurwyr llwyau caru yn dod yn hen lawiau ar naddu, mae'r grefft yn un sy'n gofyn am amser maith os am gwblhau llwy o safon a bu'n duedd i dorri corneli ar brydiau. Roedd cerfwyr yn gorfod treulio oriau maith i gael deupen llinyn ynghyd gan fod gorffeniad y llwy yn cymryd cymaint o amser â'r naddu. Byddai rhai yn cwyno'n arw am y prisiau a gaent pan fyddai'n rhaid iddynt werthu eu cynnyrch i gyfanwerthwyr masnachol gan fod cyfradd tâl y rheiny cyn lleied â phunt yr awr ambell waith.

Nid oedd yn beth anghyffredin i weld y wraig wrthi'n cynorthwyo ar brydiau os nad oedd ganddi fawr mwy na gwaith tŷ i'w chadw'n brysur. Rwy'n cofio cyfarfod cerfiwr a oedd newydd ddechrau ei fusnes ei hun mewn tref fechan unwaith ac fe gyflwynodd y wraig ddeniadol wrth ei ymyl fel 'yr adran sandio a gloywi'. Soniodd ei fod yn gweld llewyrch i'w fusnes ers iddi hi ddechrau ei gynorthwyo. Roedd y dwylo a fu unwaith yn feddal a lluniaidd bellach yn goch a garw gydag olion cwyr o dan yr ewinedd, ond pris bychan i'w dalu oedd hyn am adfywiad.

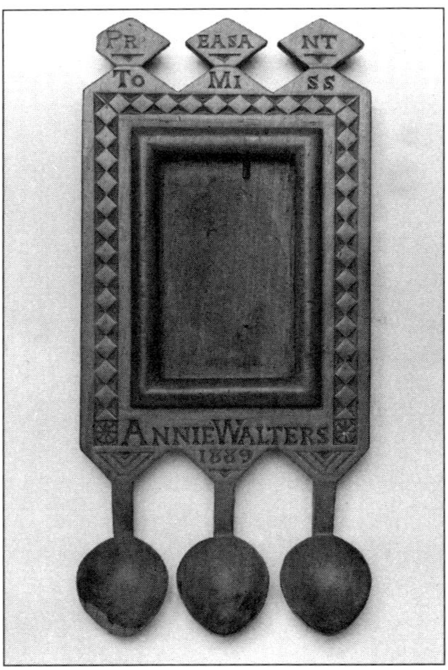

Llwy banel llydan, rhodd i Annie Walters, 1889

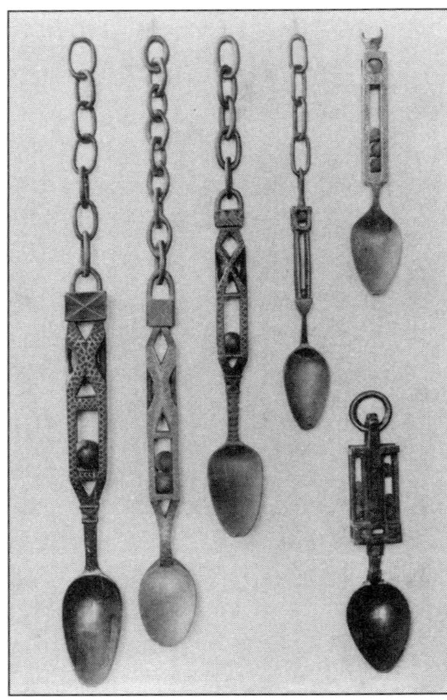

Detholiad o lwyau o gasgliad Amgueddfa Werin Cymru

6. Cystadlaethau

Yn Eisteddfod Genedlaethol 1950, pan fethodd y mwyafrif o gystadlaethau crefftau gwledig ddenu un cystadleuydd hyd yn oed, roedd yr ymateb cadarnhaol a dderbyniodd y gystadleuaeth gwneud llwy garu yn cadarnhau nad canlyniad rhyw ddefod ryfedd a ddychmygwyd gan ysgolheigion ydoedd y llwyau hyn, a daeth yr eisteddfod hon yn drobwynt yn niddordeb ac adfywiad y grefft o gerfio llwyau caru. Rhaid cofio bod cerfwyr gwledig wedi bod yn cystadlu mewn cystadlaethau lleol ers cenedlaethau ond yn hwyr neu'n hwyrach, unwaith y byddai'r arferiad o gyflwyno llwy garu fel arwydd o gariad wedi dihoeni, byddent yn ymddangos fel eitemau mewn cystadlaethau lleol ynghanol dysglau a basgedi, offer gwaith a ffyn, ac unrhyw beth arall a fyddai'n profi medrusrwydd y crefftwr gwledig.

Hyd y gwelaf i, yn 1899 y cynhaliwyd y gystadleuaeth cerfio llwy mewn Eisteddfod Genedlaethol am y tro cyntaf, gyda gwobr o 10 swllt (50c) am dair llwy. Yn ôl y rheolau, dim ond gweithwyr a gâi gystadlu ond ni wyddys paham y cyfyngid y gystadleuaeth i'r dosbarth hwnnw'n unig. Efallai mai'r bwriad oedd atal cerfwyr profiadol rhag ymgeisio. Mae'n bur debyg mai llwyau at ddefnydd y cartref oedd y rhai a gynigiwyd i'r gystadleuaeth a gosodwyd cystadleuaeth debyg unwaith eto yn 1903 ac 1909 ond erbyn hynny fe gâi unrhyw un ymgeisio.

Ni cheir rhagor o sôn am gystadlaethau cerfio llwyau yn yr Eisteddfod Genedlaethol tan y 1920au ond erbyn hynny roedd crefftau gwledig yn gyffredinol wedi dechrau edwino. Roedd hyd yn oed y to hŷn wedi colli diddordeb yn y grefft bellach. Pylodd y diddordeb tan y 1930au pan ddechreuodd llwyau caru ymddangos unwaith eto mewn sioeau ac eisteddfodau lleol.

Mae'n debyg mai un o'r llwyau harddaf o'r cyfnod hwn yw'r un a wnaed gan D. Lewis, Ffostrasol ar gyfer Eisteddfod Llangeitho yn 1937. Yn ogystal â bod yn llwy o ansawdd arbennig, mae iddi gynllun dyfeisgar ac anghyffredin iawn sy'n ymwrthod yn llwyr â thraddodiad y llwy sengl neu ddwbl gyda phanel wedi'i addurno. Cerfiodd y gwneuthurwr galon fawr a gaiff ei dal yn syth gan golyn wedi'i osod yn fedrus, a bachau pren i ddal dwy lwy fechan arni. Fe'i gwnaed o bren masarn gyda'r dyddiad arni ac roedd yn llwyr deilyngu'r wobr gyntaf.

Drylliwyd adfywiad byr y 1930au gan yr Ail Ryfel Byd ac ni fu fawr mwy o gystadlaethau hyd nes y cynhaliwyd Eisteddfod Genedlaethol Caerffili yn 1950. Etholwyd Iorwerth Peate, pennaeth yr Amgueddfa Werin newydd, yn gadeirydd yr eisteddfod a'i ddylanwad ef fu'n gyfrifol am gynnwys nifer o gystadlaethau crefftau gwledig yn nhestunau'r eisteddfod honno.

Mae rhai yn honni na ddaw dim daioni o'r cythraul cystadlu a cheir digon o dystiolaeth sy'n profi bod cystadlaethau lleol a chenedlaethol wedi codi aml i gynnen ymhlith crefftwyr yn ogystal â pherfformwyr a llenorion. Bydd beirniaid bob amser dan y lach ond mae rhai o hyd yn barod i wynebu llid yr ymgeiswyr. Nid oes prinder beirniaid answyddogol sydd wrth eu boddau'n mynegi barn ar waith eraill ychwaith, yn enwedig ym maes crefftau. Gall barn adeiladol fod o fudd mawr i'r cerfiwr amhrofiadol wrth gwrs ond gan amlaf rhyw fân sylwadau pitw, disylwedd a geir yn anffodus. I waethygu pethau ymhellach ceir gormod o 'arbenigwyr' o fewn y byd crefftau a phob un gyda'i chwiw a'i hoffter ei hun ac felly nid yw'n syndod fod cystadlaethau cyfnod yr adfywiad mewn cerfio llwyau caru wedi siomi'r cystadleuwyr a'r beirniaid fel ei gilydd. Roedd Eisteddfod 1950 yn eithriad serch hynny. Ymateb tlawd iawn a gafodd yr holl adrannau crefft, gyda dim ond un wedi ymgeisio mewn rhai cystadlaethau, ond yn rhyfedd iawn ymgeisiodd pedwar ar ddeg o gerfwyr llwyau caru sy'n awgrymu bod y gweithgaredd hwnnw yn llawer iawn mwy poblogaidd nag a dybiwyd. Beirniad yr adran llwyau caru oedd D. J. Davies, aelod o staff yr amgueddfa a gŵr delfrydol ar gyfer y gwaith. Er nad oedd yn gerfiwr llwyau caru ei hun roedd yn grefftwr gwledig dawnus ac yn llawn gwybodaeth. Roedd safon y gystadleuaeth yn weddol dda ar y cyfan ond roedd ymgais Goronwy Pugh, ffermwr mynydd o Dal-y-llyn ym Meirionnydd, ben ac ysgwydd uwchlaw y lleill ac roedd yn llwyr deilyngu'r wobr gyntaf o un gini (£1.10). Dim ond ei ymgais ef a ddangoswyd yn yr arddangosfa celf a chrefft ac felly nid oedd modd gwybod pwy oedd y tri ymgeisydd ar ddeg arall.

Efallai mai llwy gadwyn Goronwy Pugh oedd y gyntaf o'i bath i gael ei harddangos mewn Eisteddfod Genedlaethol ond fe wnaed cadwyn ddeuddeg troedfedd o hyd mor gynnar ag 1885 ar gyfer Eisteddfod Aberdâr. Nid oes modd dweud a oedd llwy ynghlwm wrthi; gan ei bod mor fawr roedd y tu hwnt i unrhyw lwyau caru p'run bynnag. Defnyddiodd y gwneuthurwr y ffugenw hynod addas 'Amynedd'.

Roedd haelioni gwobrau adran gelf a chrefft yr eisteddfod honno yn gwbl unigryw. Cynigiwyd tair punt am y ffon orau – hanner canrif yn ddiweddarach dim ond punt oedd cyfartaledd y wobr. 'Gŵr tlawd a drigai ar rostiroedd Dinbych' oedd enillydd y gystadleuaeth ac fe obeithiai y byddai rhywun yn prynu'r ffon am bunt.

Ar ôl Eisteddfod Caerffili ni welwyd cystadleuaeth llwy garu arall ar lefel genedlaethol hyd at 1960 ond yn 1958 gofynnodd y Pwyllgor Celf a Chrefft am arddangosfa grefftau gyffredinol gan ddefnyddio nifer o ddefnyddiau gwahanol. Cynhaliwyd y gystadleuaeth drwy gydol y 1960au gan roi cyfle i grefftwyr a chrefftwragedd (a oedd erbyn hynny wedi ehangu eu gwaith llaw i gynnwys gwaith coed) arddangos eu gwaith heb gystadlu mewn un adran benodol.

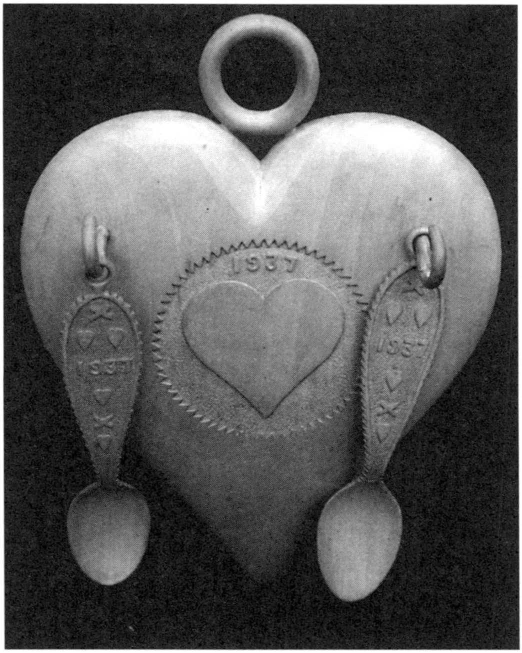

Llwy garu gan D. Lewis, Ffostrasol, enillydd yn Esiteddfod Llangeitho, 1937

Erbyn diwedd y degawd roedd mwy o reolau caeth yn dechrau ymddangos. Mewn un gystadleuaeth cyfyngwyd y nifer o eitemau i dri ac yn anffodus ni ymatebodd y cerfwyr llwyau caru a oedd â'u nifer ar gynnydd erbyn hynny. Yr unig lwy garu a welwyd yng Nghasnewydd yn 1965 oedd llwy ddwbl hyfryd a wnaed gan Goronwy Pugh.

Efallai nad oedd gwneuthurwyr llwyau caru yn hoffi cystadlu yn yr adran 'gwaith coed' gyffredinol ond heb amheuaeth fe gollwyd cyfle gwych i osod y llwy garu ar agenda arddangosfa'r Genedlaethol bryd hynny.

Yn Eisteddfod Caerdydd yn 1960 – sydd efallai'n fwy cofiadwy am fod nifer o genedlaetholwyr wedi cerdded allan yn ystod ymweliad y Frenhines yn hytrach nag oherwydd yr arddangosfa gelf a chrefft – daeth Goronwy Pugh yn fuddugol unwaith eto ond roedd y gystadleuaeth yn galetach y tro hwn. Cafodd yr wyth ymgais eu harddangos a thair ohonynt yn eiddo i Jack Barnet, cerfiwr medrus iawn o Sir Gaerfyrddin. Daeth yn ail a thrydydd gyda'i lwyau pêl a chadwyn o bren bocs, pren yr ysgawen a phren masarn. Roedd yn llwyr deilyngu gwobr ariannol ond dim ond y cerfiwr buddugol a gafodd wobr, sef pum punt. Mae'r wobr fechan honno yn adlewyrchu cyn lleied oedd gwerth y cystadlaethau celf a chrefft yng ngolwg yr Eisteddfod. Dim ond dau ymgeisydd oedd yn fodlon gwerthu eu cynnyrch, gan ofyn am bedair punt a chwe phunt yn

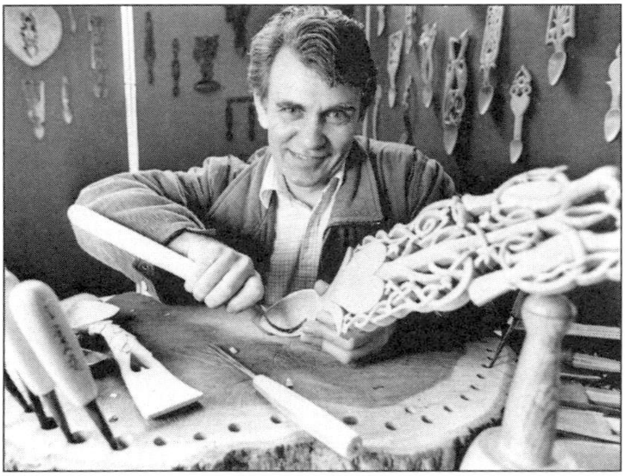

Mike Davies, cerfiwr llwyau caru yn arddangos ei grefft yn Amgueddfa Werin Cymru

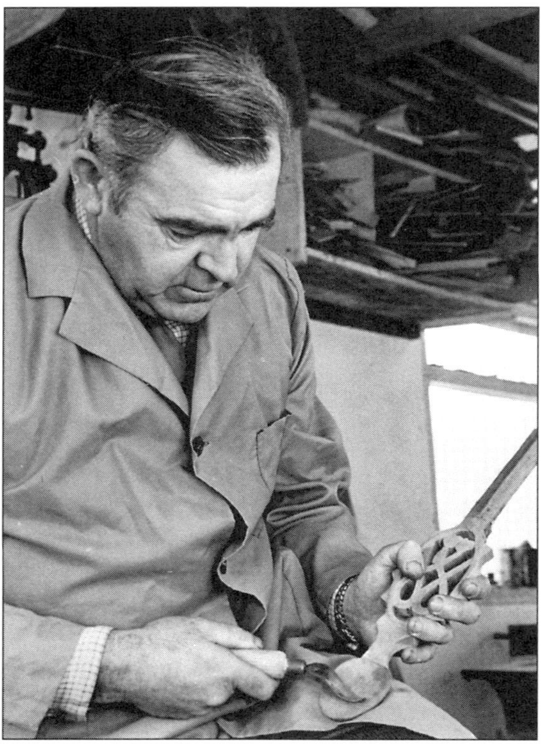

Vivian Phillips, yn gweithio ar lwy garu

unig am ddwy lwy gain. Bryd hynny nid oedd llwyau caru newydd yn ddrud iawn.

Ni fu rhagor o gystadlaethau llwyau caru hyd at 1976 ac 1977 ond fe ymddengys na chafwyd fawr o ymateb ac ni chynhaliwyd un arall tan 1981 pan aeth yr Eisteddfod i Fachynlleth. Yma gofynnwyd i Goronwy Pugh feirniadu yn ei filltir sgwâr ei hun. Ni chafwyd llawer o ymateb (llai na deg ymgeisydd) ond gwelwyd amrywiaeth eang o gynlluniau a thechnegau. Emyr Hughes o Langollen, athro yn Llundain ar y pryd, a gafodd y wobr gyntaf a'r ail wobr. Roedd ganddo beli mewn cawell a chadwyni o bren masarn a oedd yn llawer mwy na'r cyffredin ac o wneuthuriad da iawn. Roedd yn llawn haeddu'r anrhydedd ond amheuai ambell un o'r cystadleuwyr eraill a ddylai fod wedi cael yr ail wobr yn ogystal â'r gyntaf.

Fe ddylai'r cyhoeddusrwydd a gafodd y gystadleuaeth yn Eisteddfod

Machynlleth fod wedi symbylu arddangosfa flynyddol o lwyau caru o safon uchel ond nid felly y bu. Yn ystod y blynyddoedd dilynol cafodd cerfwyr llwyau caru ddigon o gyfle i gystadlu mewn amrywiaeth o gystadlaethau gyda thestunau digon agored megis 'eitem i'w gwerthu mewn siop ar gyfer ymwelwyr' neu 'eitem wedi ei gwneud o bren'. Ni fu nemor ddim ymateb i'r rhain ond yn Eisteddfod Llanbedr Pont Steffan cynhaliwyd cystadleuaeth benodol ar gyfer llwyau caru ac yno am y tro cyntaf gosodwyd dwy reol ynghylch cynllun y llwyau: gofynnwyd am 'ddwy lwy gyda llythrennau arnynt wedi eu cysylltu â chadwyn'. Roedd gosod testun pendant i gystadleuaeth yn bolisi bwriadol gan y Pwyllgor Celf a Chrefft ambell waith gan ei fod yn sicrhau na fyddai ymgeiswyr yn cystadlu gydag eitemau a luniwyd yn wreiddiol ar gyfer cystadlaethau eraill yn y gorffennol. Roedd hyn yn arfer cyffredin mewn cystadlaethau lleol hefyd gan fod rhai eitemau'n cael eu gyrru flwyddyn ar ôl blwyddyn. Fodd bynnag, y tro hwn ni fu'r gystadleuaeth yn llwyddiant gan nad oedd gan gerfwyr yr amser na'r awydd i gynhyrchu darn unigol. Oherwydd y diffyg brwdfrydedd cystadleuol, a hynny mewn cyfnod pan oedd nifer o gerfwyr llwyau dawnus iawn drwy Gymru benbaladr, cysylltais â'r cerfwyr amlycaf i geisio darganfod pam nad oeddent yn awyddus i gystadlu yn y Genedlaethol a hithau, ynghyd â'r Sioe Amaethyddol Frenhinol, yn un o ddigwyddiadau pwysicaf y calendr Cymreig. Roedd eu rhesymau yn amrywiol ac yn rhyfeddol. Ni chaent eu denu gan wobrau ariannol o gwbl; byddai'r mwyafrif helaeth wedi hoffi cael y cyfle i arddangos eu gwaith mewn digwyddiadau cenedlaethol heb orfod cystadlu. Yn wir, roeddent yn unfrydol yn erbyn cystadlu yn erbyn y naill a'r llall – rhai ar sail egwyddor ac eraill am fod beirniadaethau'n anghyson, er bod hyn yn ofid gan bob un ohonynt. Yn rhyfeddol iawn credai'r cerfwyr y byddai'r cywilydd o golli yn llawer iawn cryfach na'r wefr o ennill. Roedd un cerfiwr proffesiynol adnabyddus yn bendant o'r farn y byddai cystadlu a cholli yn gwneud mwy o ddrwg i'w fusnes na'r hwb a gâi petai'n cystadlu ac yn ennill.

Teimlai cerfwyr hefyd y byddai llwyau arddangos o safon yn cael eu cadw draw o lygad y cyhoedd yn llawer rhy hir. Roedd yn ofynnol iddynt fod yn nwylo'r Pwyllgor Celf a Chrefft erbyn mis Ebrill a phetaent yn cael eu derbyn ni fyddent yn cael eu dychwelyd tan ganol mis Awst. Yn ystod y cyfnod hwn gallent fod wedi cael eu harddangos yn rhywle arall megis y Sioe Amaethyddol Frenhinol ym mis Gorffennaf a bod yn hysbyseb gwych i'r gwneuthurwr.

Soniwyd am y rhesymau hyn wrth Bwyllgor Celf a Chrefft yr Eisteddfod Genedlaethol ac awgrymwyd y dylent ailgyflwyno arddangosfeydd agored y 1960au. Ond yn hytrach na gwella, gwaethygu wnaeth y sefyllfa a dod i benllanw digalon yn Eisteddfod Genedlaethol Glynebwy yn 1990. Gwelwyd cystadleuaeth cerfio llwy garu am y tro cyntaf ers rhai blynyddoedd ond er syndod i bawb gofynnodd y pwyllgor am lwyau gyda'r geiriau 'Eisteddfod Genedlaethol 1990' arnynt. Nodwyd hefyd eu bod yn disgwyl gweld 'yr hen draddodiad ar ei newydd wedd' a bod darluniau a chynlluniau ar bapur yn cael eu gyrru gyda phob ymgais. Ni fyddai'r mwyafrif o grefftwyr yn defnyddio cynllun ar gyfer eu llwyau, dim ond braslun, a byddent yn dyfeisio a chreu wrth fynd yn eu blaenau. Mae'n bur debyg y byddai nifer o gerfwyr dawnus wedi ymgeisio yn y gystadleuaeth oni bai am y gofyniad technegol hwn a fyddai wedi bod yn fwy addas ar gyfer gwneuthurwyr dodrefn.

Credai rhai y byddai'r 'wedd newydd' ar yr hen draddodiad yn sbarduno creadigaethau cyfoes cyffrous ond yn anffodus nid oedd modd cerfio llythrennau gair cyfan yn gain drwy dyllu drwy bren – dull naddu cyffredin iawn ymysg nifer o'r cerfwyr mwyaf blaenllaw. Roedd yr enw a oedd i'w gynnwys ar y llwy yn llawer rhy hir hefyd; ni ellid ei naddu ar lwy fechan gain, dim ond ar lwy fawr gyda phanel a byddai hynny'n cyfyngu'r math o gynllun y gellid ei ddefnyddio. Ceisiodd y rhan fwyaf o'r cystadleuwyr fyrhau'r enw – un dewis oedd 'Bryn Bach', sef safle'r eisteddfod y flwyddyn honno.

Pan agorodd yr arddangosfa gelf a chrefft gwelwyd cymysgedd o syndod, siom a chynddaredd oherwydd bod y llwyau heb enw'r eisteddfod yn llawn arnynt wedi cael eu diarddel o'r gystadleuaeth am nad oedd y cerfwyr wedi dilyn y rheolau. I waethygu pethau ymhellach cawsant eu gwahardd o'r arddangosfa yn gyfan gwbl.

Ymgasglodd cynrychiolaeth gref gerbron y Pwyllgor Celf a Chrefft ar ran y cystadleuwyr na ddangoswyd eu gwaith, yn bennaf gan fod digon o le yn yr arddangosfa i fod wedi eu dangos p'run bynnag. Tynnwyd sylw'r pwyllgor at y ffaith nad y wobr ariannol oedd yn bwysig i'r ymgeiswyr a'u bod wedi treulio amser maith yn cerfio'r llwyau a oedd yn haeddu cael eu gweld o leiaf. Soniwyd wrthynt hefyd na fyddai'r llwyau o unrhyw werth iddynt ar ôl y gystadleuaeth oherwydd y geiriau a naddwyd arnynt.

Ymhen byr o dro newidiodd yr Eisteddfod ei rheolau a gwelwyd rhagfarn bendant yn erbyn y crefftau traddodiadol ac o blaid y celfyddydau cain. Ni welwyd rhagor o gystadlaethau unigol ac ers hynny fe wahoddir crefftwyr i yrru lluniau o'u gwaith at y pwyllgor cyn i restr fer gael ei chreu ar gyfer y Fedal Aur. Gyrrodd Nansy Hemmings lwy gadwyn gywrain iawn at gystadleuaeth yn Eisteddfod Genedlaethol Aberystwyth ac roedd nifer o'r farn mai hi a ddylai fod wedi ennill y wobr ond fe erys rhagfarn ymysg yr hierarchaeth Gelf a Chrefft yn erbyn cerfwyr llwyau caru.

Mae gwaith cerfwyr llwyau caru mwyaf nodedig yr oes hon yn fwy celfydd nag y bu erioed o'r blaen ac nid oes rheswm pam na ddylai un ohonynt dderbyn y Fedal Aur am eu gwaith clodwiw gan eu bod yn meddu ar fedrau cystal â nyddwyr, crochenyddion a gemyddion gorau Cymru.

Bryd hynny byddai urdd neu gymdeithas grefftau Gymreig debyg i'r *English County Guild* lewyrchus wedi bod yn fuddiol iawn i'r darpar gerfwyr addawol a oedd yn ymdrechu'n galed i gael orielau celf i dalu sylw i'w gwaith ond nid felly y bu.

Tra bod cystadlaethau llwyau caru Cymru wedi cloffi, maent ar gynnydd mewn sioeau gwaith coed yn Lloegr. Gwahoddwyd Mike Davies, un o'r cerfwyr llwyau caru mwyaf blaenllaw, i feirniadu un gystadleuaeth ac roedd safon y gwaith yn uchel ond gellid dadlau dilysrwydd rhai o'r eitemau fel llwyau caru yng ngwir ystyr y gair.

Fe ymddengys fod cystadlaethau cerfio llwyau caru lleol a chenedlaethol ar drai yng Nghymru, am y tro beth bynnag, ac o ystyried y cynhennau a grewyd dros y blynyddoedd a fu, efallai nad yw hynny'n ddrwg o beth.

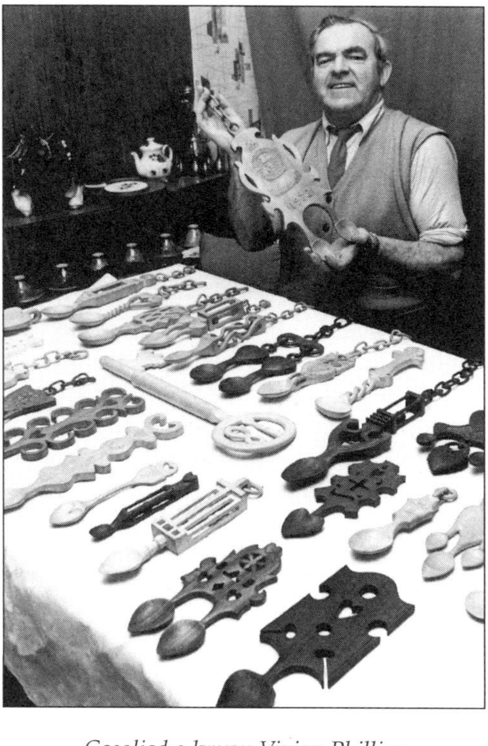

Casgliad o lwyau Vivian Phillips

7. *Cyhoeddiadau a chyhoeddusrwydd*

Cyhoeddodd Pinto gyfrol wedi'i diweddaru o'i gasgliad yn 1969 gyda thros bedwar cant o dudalennau; yn ogystal â lluniau ceir gwybodaeth bwysig am gefndir y llwyau.

Yn araf iawn y datblygodd diddordeb y cyfryngau mewn cerfwyr llwyau caru yn ystod cyfnod yr adfywiad a dim ond llun ambell grefftwr ynghanol ei daclau a llwyau ar eu hanner gydag un o'i greadigaethau gorffenedig yn ei law a welid gan amlaf gyda phennawd byr o dan y llun. Wrth i nifer y cerfwyr gynyddu ymledodd y diddordeb ac fe ymddangosodd erthyglau am wahanol agweddau o fywyd yng nghefn gwlad mewn papurau newydd lleol a chylchgronau. Roedd y mwyafrif ohonynt yn ddigon arwynebol ac yn cynnwys dim ond cyfeiriad y crefftwr ond ambell dro gwelid ychydig sylwadau eraill ynghylch sut y dechreuodd y cerfiwr ymddiddori yn y grefft ryfedd hon.

Ni wnaeth newyddiadurwyr unrhyw ymdrech fwriadol i ymchwilio i gefndir y traddodiad a phan fyddai prinder newyddion arferai golygyddion papurau newydd lleol Caerdydd a chymoedd de Cymru yrru newyddiadurwr ifanc a thynnwr lluniau i 'fynd i chwilio am gerfiwr llwyau caru'.

Ar ddiwedd y 1960au y rhoddwyd sylw i'r llwy garu ar y teledu am y tro cyntaf pan ofynnwyd i mi ail-greu llwy garu wreiddiol gyfarwydd ar gyfer y gyfres 'Lloffa' a oedd yn trafod arferion gwerin a bywyd gwledig yng Nghymru. Roedd y gyfres gyntaf yn para rhai wythnosau a'r llwy i'w gweld yn troi y tu cefn i'r rhestr o gyfranwyr ar ddiwedd pob rhaglen. Mawr fu'r diddordeb bryd hynny.

Oddeutu'r cyfnod hwn dechreuodd awduron ystyried bod llwyau caru a'u gwneuthurwyr yn gymwys i'w cynnwys mewn cyfrolau am Gymru. Yn 1970 teithiodd Robin Page ledled y Deyrnas Unedig a chyhoeddodd ei brofiadau yn y gyfrol *Journeys into Britain*. Ni threuliodd fawr o amser yng Nghymru ond yn ystod ei gyfnod yma bu am rai oriau ar fferm fynydd Dan Theophylus ger Rhandir-mwyn yn Sir Gaerfyrddin. Roedd Dan yn gerfiwr llwyau traddodiadol o'r hen deip a oedd wedi dangos ei ddoniau cerfio gerbron y cyhoedd mewn arddangosfeydd crefftau yng Nghaerdydd ac Abertawe ym mlynyddoedd cynnar yr adfywiad. Hen lanc swil ydoedd ac yn anghyfforddus yng nghwmni dieithriaid; fe gymerodd rai oriau i Robin ei argyhoeddi i ddangos ei gasgliad o lwyau caru iddo ac i roi'r wybodaeth angenrheidiol amdanynt.

Câi cerfwyr newydd yr adfywiad drafferth wrth geisio dod o hyd i wybodaeth ysgrifenedig a oedd yn egluro technegau cymhleth naddu peli a chadwyni. Byddai amaturiaid ymroddedig a oedd wedi meistroli'r cymhlethdodau yn gyndyn iawn o ddatgelu cyfrinachau'r grefft i gerfwyr a geisiai wneud elw o'u cynnyrch.

Roedd hi'n anos fyth dod o hyd i lyfrau am y pwnc. Gwelid lluniau o lwyau gwreiddiol cyfarwydd mewn cyfrolau am hen offer pren ac yn aml iawn byddai darpar gerfwyr yn crwydro amgueddfeydd i chwilio am ysbrydoliaeth, ond yn aflwyddiannus gan fod casgliadau'r amgueddfeydd wedi eu cuddio yng nghorneli tywyllaf y storfeydd bryd hynny, heb weld golau dydd am flynyddoedd i ddod.

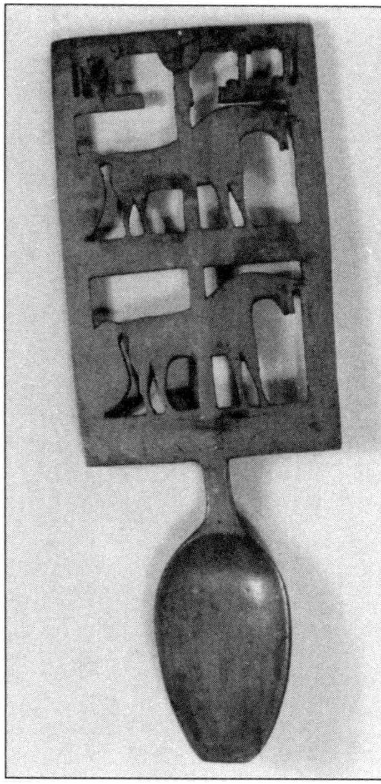

Llwy banel llydan gyda gwedd o geffylau a'r llythrennau 'MJJ' wedi'u cerfio arni

Dim ond un llyfr oedd yn cynnwys yr holl wybodaeth dechnegol am y pwnc, sef y gyfrol Americanaidd *Whittling and Woodcarving* gan E. J. Tangerman. Fe'i cyhoeddwyd yn 1936 a bu allan o brint am flynyddoedd hyd nes i argraffiad clawr meddal ymddangos ym Mhrydain yn 1962 pan ddaeth yn 'feibl' i grefftwyr ar ei union. Roedd ynddo luniau manwl a gwybodaeth am bob agwedd ar gerfio a fyddai'n angenrheidiol ac o ddiddordeb i'r cerfiwr mwyaf uchelgeisiol.

The Story of the Welsh Spoon oedd un o'r cyfrolau cyntaf i gynnwys lluniau o lwyau caru gwreiddiol. Fe'i cyhoeddwyd gan y *Celtic Educational Services of Swansea* ond sâl iawn yw safon rhai o luniau'r technegau cerfio. Gwelir nifer o luniau lliw o lwyau caru casgliad Amgueddfa Werin Cymru hefyd. Cyn iddi ymddangos credid y byddai'r gyfrol yn cynnwys hanes manwl y llwy garu ond tenau iawn ydoedd yn y diwedd gyda dim ond ychydig dudalennau'n trafod cefndir y llwy garu. Digon diwerth yw'r hanes, yn llawn sylwadau mympwyol a gwallus.

Er iddi fod ar werth am flynyddoedd gallai *The Story of the Love Spoon* fod wedi bod yn gyfrol well o lawer. Dros y blynyddoedd ymddangosodd nifer o lyfrynnau bychan a'r rhan fwyaf ohonynt wedi'u hanelu at y farchnad dwristaidd a oedd yn tyfu'n gyson. Roeddent oll yn ddigon ffansïol a rhai yn hollol wallus gyda theitlau gwamal megis *A Spoonful of Love* a *The Lore of the Love Spoon.*

Dechreuodd siopau rannu taflenni a oedd yn egluro ystyr nifer o'r symbolau newydd a ymddangosai ar lwyau caru. Roedd hyn yn ychwanegu at y cymhlethdod a oedd eisoes yn bodoli gan mai ffrwyth dychymyg y gwneuthurwyr oedd y mwyafrif ohonynt, heb unrhyw gysylltiad â'r motiffau gwreiddiol.

Argraffwyd lliain sychu llestri gyda dwsin o gynlluniau gwahanol wedi'u priodoli i bob un o hen siroedd Cymru. Roedd hyn yn peri mwy o ddryswch i'r gwneuthurwyr gan fod cwsmeriaid yn archebu 'cynllun sir' nad oedd yn bodoli mewn gwirionedd. Yn wahanol i lwyau at ddefnydd bob dydd y cartref ni ellid priodoli patrymau na chynlluniau llwyau caru i ardaloedd penodol. Efallai bod y rhai a welir ar y lliain wedi dod o wahanol siroedd ond ni ellir dweud eu bod yn cynrychioli llwyau un sir benodol ychwaith.

Wrth i'r diddordeb mewn llwyau caru gynyddu, tyfodd y cyhoeddusrwydd hefyd gan adael haneswyr ac ymchwilwyr i ymrafael â'r wybodaeth gamarweiniol am darddiad a phatrymau'r llwyau. Ymddangosodd llwyau efydd a dechreuodd un gemydd adnabyddus gynhyrchu gemwaith â chynllun arbennig y llwy garu. Daeth llwyau caru bychain yn hynod boblogaidd ar ffurf addurniadau personol neu fodrwyau allweddi a chynhyrchwyd cardiau cyfarch gyda llwy garu fechan arnynt hefyd.

Un o broblemau mwyaf y cerfwyr llwyau, yn enwedig y rhai a oedd yn gweithio'n lled broffesiynol, oedd ble i arddangos eu gwaith. Roedd orielau celf yn arddangos pob math o grefftau ar wahân i grefftau pren yn gyffredinol, a llwyau caru yn benodol. Ceisiais gysylltu â nifer o orielau i ymholi a fyddai ganddynt ddiddordeb cynnal arddangosfa o waith y cerfwyr mwyaf blaenllaw ond ymateb y mwyafrif oedd na fyddai llwyau caru'n werth y drafferth.

Cyfrifoldeb y gwneuthurwr oedd dod o hyd i le i arddangos ei waith felly a daeth rhai lleoliadau digon rhyfedd i'r fei er mwyn cynorthwyo'r cerfwyr llwyau caru. Gadawodd rheolwr un gymdeithas adeiladu yng Nghaerdydd i ffenestr y gymdeithas fod yn arddangosfa am rai blynyddoedd a byddai'r crefftau'n cael eu newid yn rheolaidd. Hwn oedd y cyfle cyntaf i nifer o gerfwyr newydd arddangos eu cynnyrch o flaen y cyhoedd. Daeth y gymwynas i ben yn sydyn fodd bynnag pan symudodd y rheolwr i swyddfa arall ac fe benderfynodd y rheolwr newydd mai gwell fyddai defnyddio'r ffenestr i arddangos cyfraddau llog y gymdeithas adeiladu.

Erbyn y 1980au roedd cynifer o grefftwyr llwyau caru i'w cael fel mai dim ond y rhai a gynhyrchai'r llwyau mwyaf anghyffredin a gâi sylw'r cyfryngau. Byddai cerfiwr a oedd yn cyfnewid ei offer naddu am lif gadwyn ac yn creu y llwy garu fwyaf erioed o foncyff coeden yn dod yn enwog dros nos. Yna fe ymddangosodd y llwy garu leiaf erioed a wnaed o fatsen. Ymgartrefodd y ddwy lwy mewn siop grefftau yng Nghaerdydd gan ddenu sylw'r cwsmeriaid am flynyddoedd

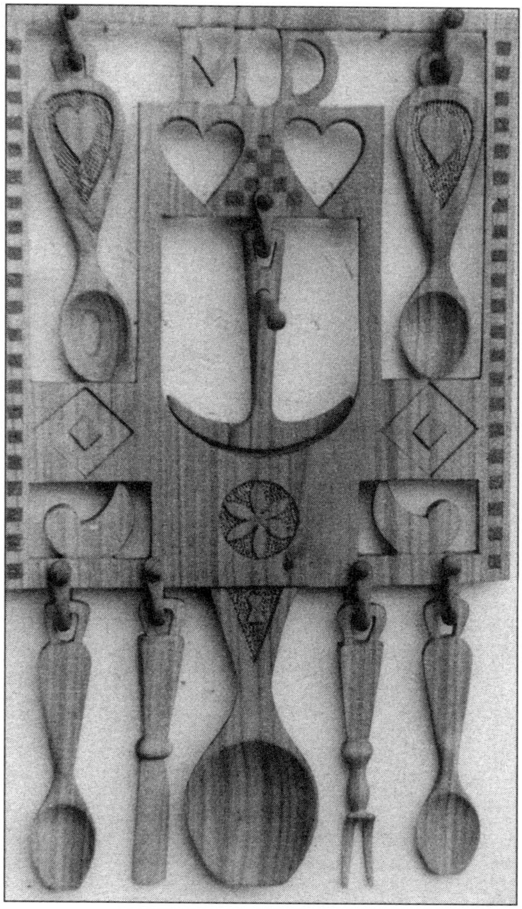

Llwy garu gan yr awdur – copi o un draddodiadol a wnaed ar gyfer y rhaglen deledu Lloffa *yn niwedd y 1960au.*

Llyfryddiaeth

Allen Romilly, *Archaeology Cambrensis* (1905).

'Carved Wooden Spoons', *Archaeology Cambrensis* (1901).

Bronner, Simon. *Chain Carvers* (University of Kentucky Press, 1985).

Davies, Mike. *The Welsh Love Spoon* (Cyhoeddiad preifat, 1991).

Evan Thomas, O. *Domestic Utensils of Wood* (E.P. Publishing, 1973).

Hendall, Ralph. *Love Spoons* (Cyhoeddiad preifat).

Levi, Jonathan. *Treen for the Table* (Woodbridge, 1998).

Pinto, Ernest. *Treen* (Bell and Son Ltd, 1968).

Owen, Trevor. *Welsh Folk Customs* (1959).

Rosenberg, J. *An Autumn in Wales*, cyf. W. Linnard (1985).

Stevens, Catrin. *Welsh Courting Customs* (1993).

Wright, Dorothy. M. 'Traditional Love Spoons' yn *Embroidery Magazine* (1937).

Page, Robin. *Journeys into Britain* (1970).

Williams, Edwin. *The Love Spoon* (Cyhoeddiad preifat).

Trotter's *Distressed Seamen* (1789).

Tangerman, E. J. *Whittling and Woodcarving* (1962).

The Story of the Welsh Spoon (Celtic Educational Services of Swansea).

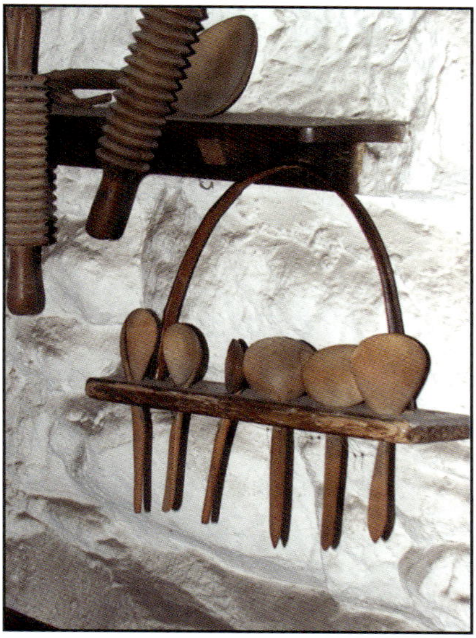 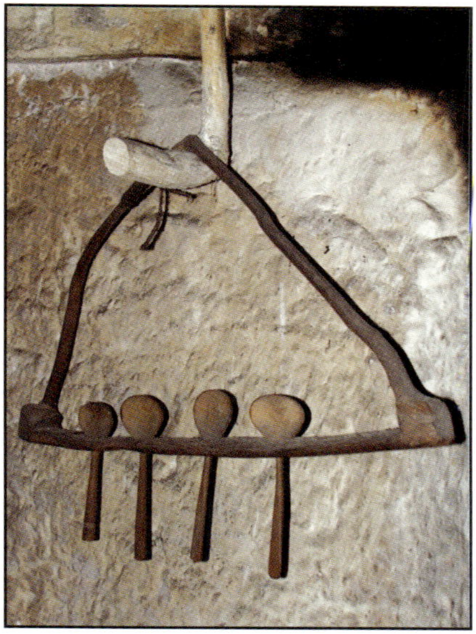

AMGUEDDFA WERIN CYMRU

Sain Ffagan, Caerdydd, CF5 6XB.
Ffôn: 02920 573500
lle ar y we: www.aocc.ac.uk

Mae casgliad amrywiol a deniadol o lwyau caru traddodiadol yn oriel yr Amgueddfa Werin. Yna, yng ngheginau llawer o dai yr amgueddfa, mae digon o enghreifftiau o lwyau cegin ar y byrddau ac ar rac yn crogi ar y waliau. Ar wyliau penodol, bydd crefftwyr cerfio pren yn arddangos eu medr ac yn llunio llwyau yn yr amgueddfa yn ogystal.

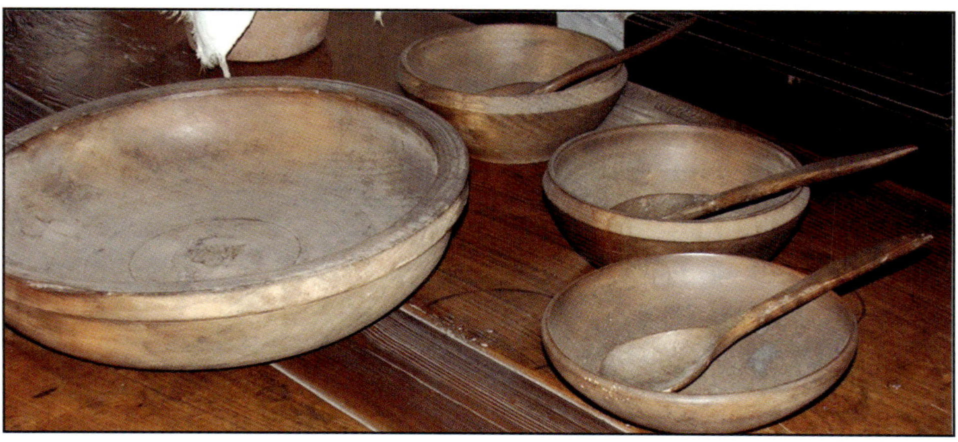

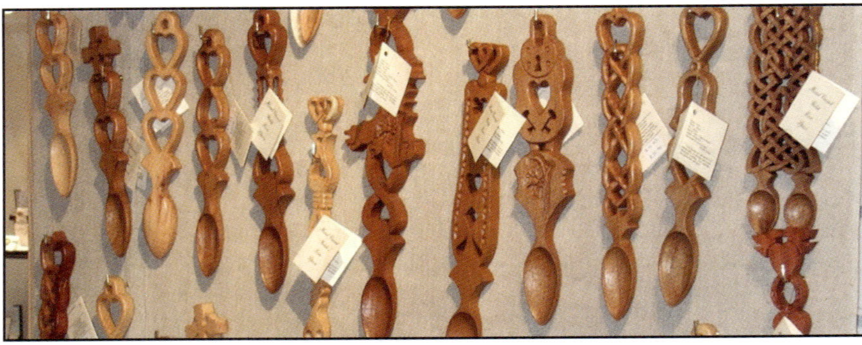

ORIEL MÔN *Llangefni*

SIOP Y PENTAN *Caerfyrddin*

SIOP Y GLODDFA *Blaenau Ffestiniog*

ac amryw o siopau ac orielau eraill drwy Gymru – arddangosfeydd o lwyau ar werth.

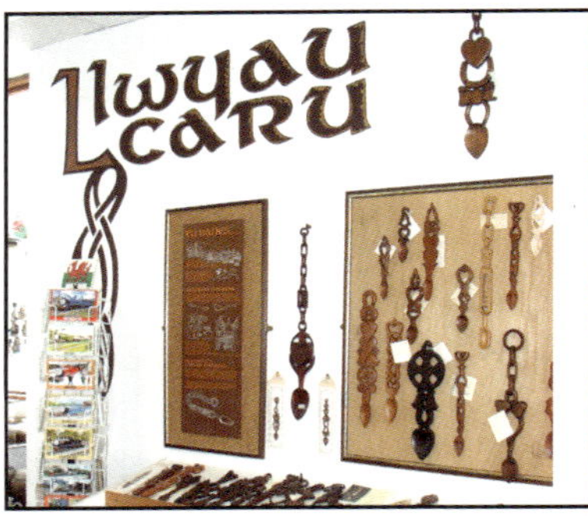

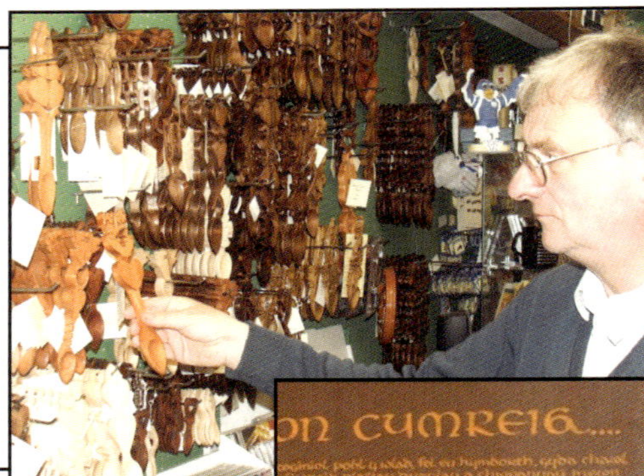

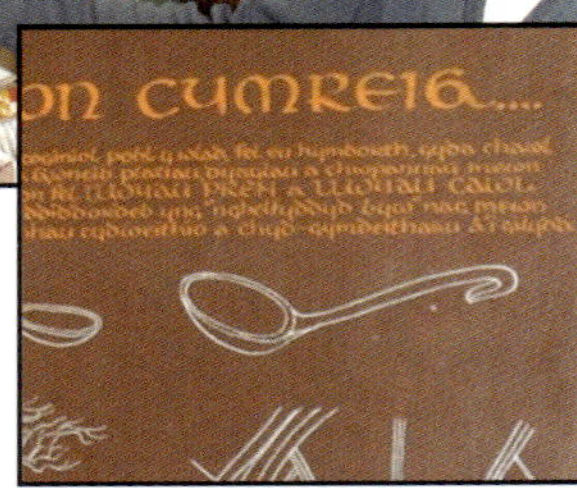

AMGUEDDFA BRYCHEINIOG

Aberhonddu.

Casgliad o dros ugain o lwyau traddodiadol.

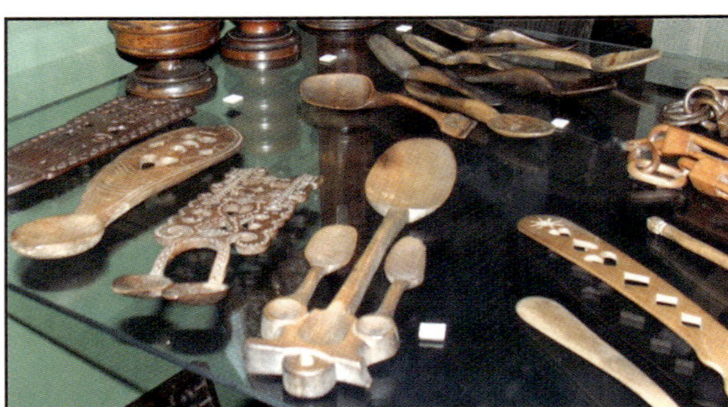

AMGUEDDFA CEREDIGION

Coliseum, Ffordd y Môr, Aberystwyth, Ceredigion.
Ffôn: 01970 633088

Casgliad o lwyau ac offer cerfio traddodiadol.

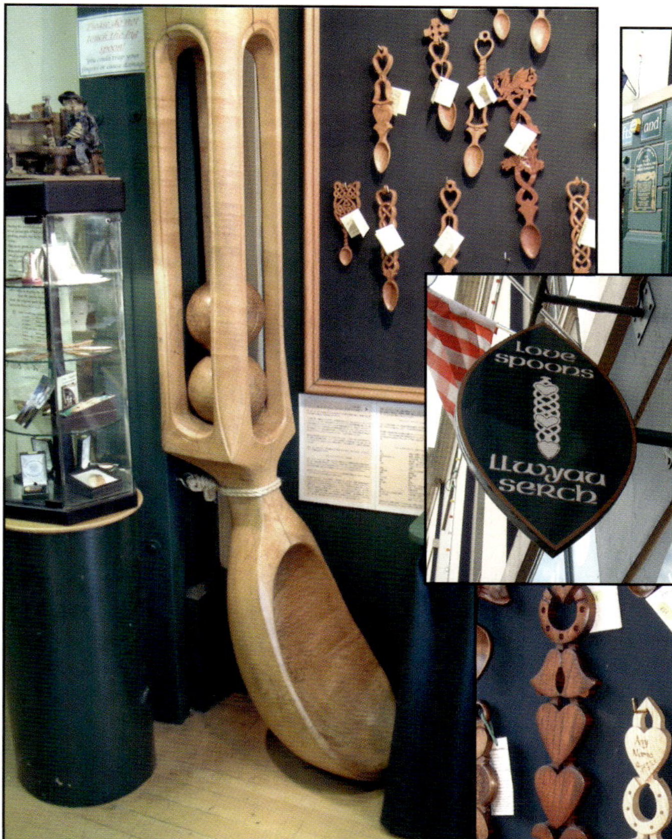

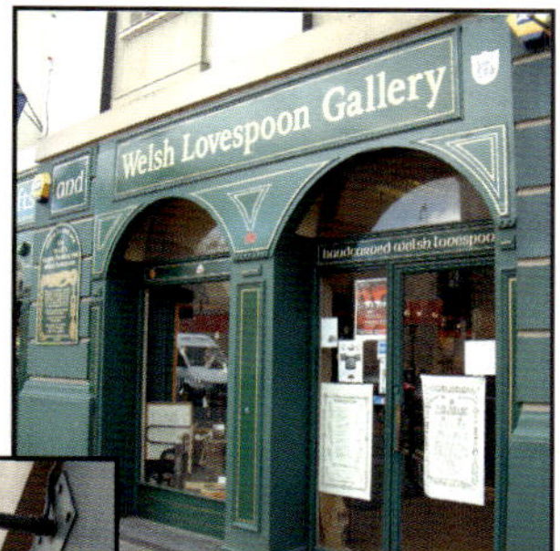

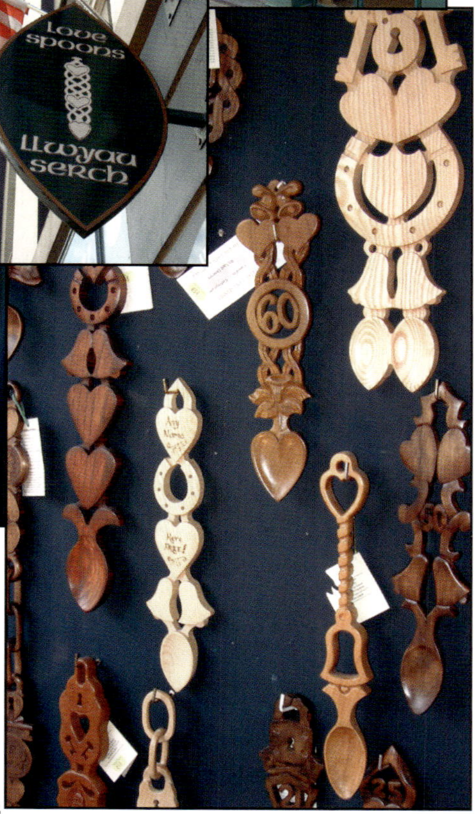

SIOP Y LLWYAU SERCH
CASTLE WELSH CRAFTS

1 Stryd y Castell, Caerdydd CF10 1BS.
Ffôn: 02920 342038
lle ar y we: www.castle-welsh-crafts.co.uk

Mae oriel eang yn arddangos llwyau rhai o grefftwyr gorau Cymru yn y siop hon, sy'n cynnig gwasanaeth danfon i bedwar ban byd. O ran diddordeb, mae'r 'llwy serch fwyaf yn y byd' a'r 'llwy serch lleiaf yn y byd' yn cael eu harddangos yma ac yn werth eu gweld. Ceir detholiad trawiadol o bob math o grefftau Cymreig eraill yma yn ogystal.

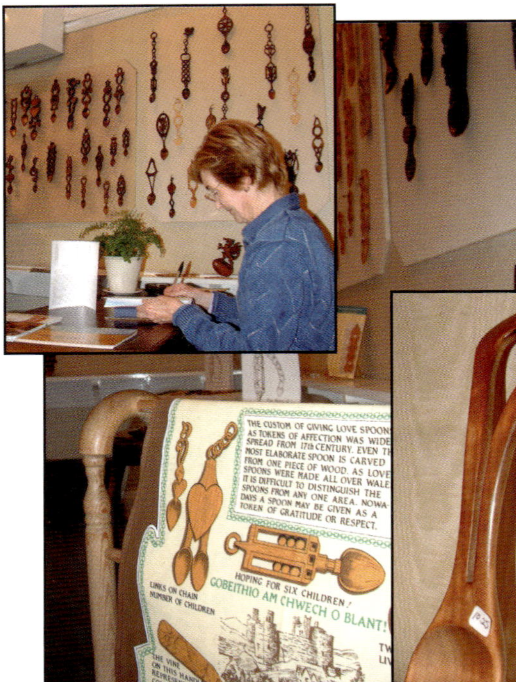

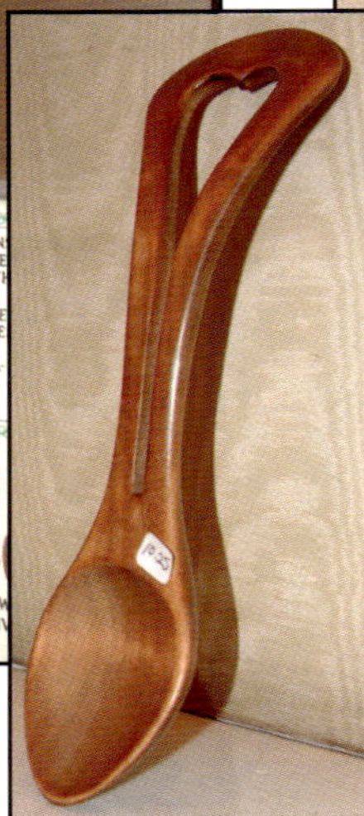

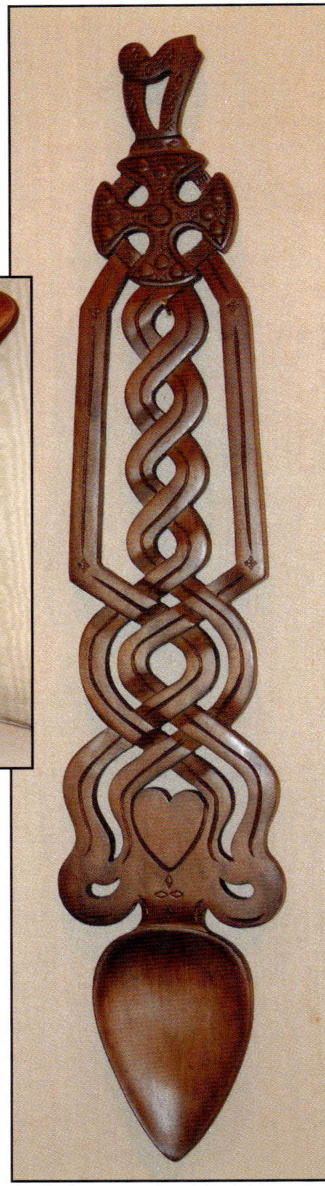

THE LOVESPOON GALLERY

492 Ffordd Mwmbwls, Abertawe, SA3 4BX.
Ffôn: 01792 360132

Siop wedi'i neilltuo i arddangos a gwerthu llwyau serch o safon – mae'r casgliad wedi'i ddethol yn arbennig gan Patricia Price, y perchennog ac awdurdod cydnabyddedig ar lwyau serch a'r traddodiadau sydd ynglŷn â nhw. Mae'n cynnig gwasanaeth drwy'r post ac mae ganddi 90 o gynlluniau mewn taflen archebu liw llawn – pob un wedi'i cherfio'n unigol ac yn anrhegion poblogaidd i'w rhoi ar achlysur priodas, pen-blwydd priodas, bedydd, cartref newydd ac, wrth gwrs, i gofio am Gymru.

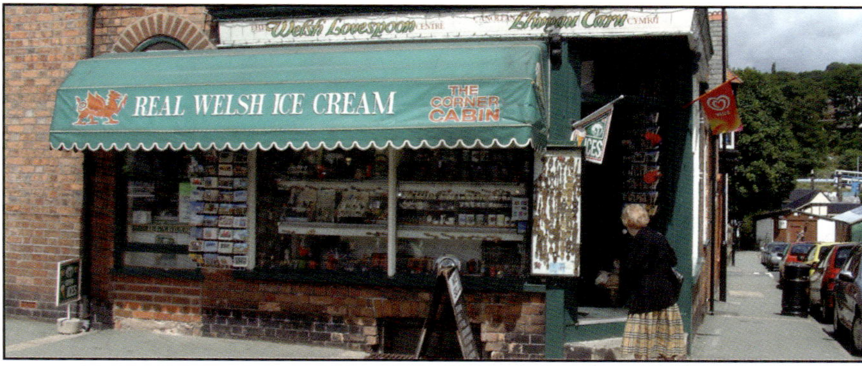

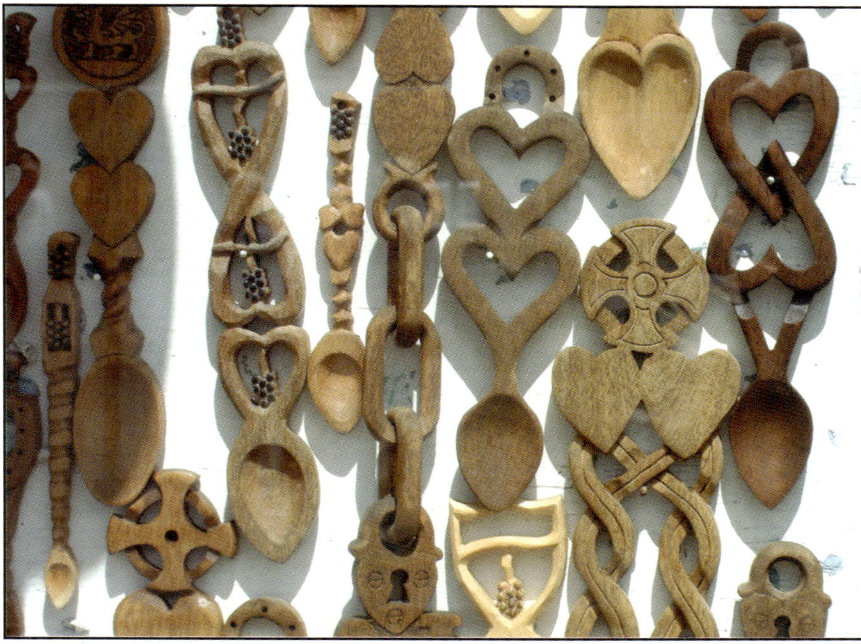

THE WELSH LOVESPOONS CENTRE

Corner Cabin, 22 Stryd y Farchnad, Llangollen, Sir Ddinbych, LL20 8PS.
Ffôn: 01978 860187
e-bost: info@lovespoons.info
lle ar y we: www.lovespoons.info

Mae'r siop yn llawn o lwyau serch wedi'u cerfio yng Nghymru ac mae ganddynt wasanaeth archebu ar-lein ar eu lle ar y we.

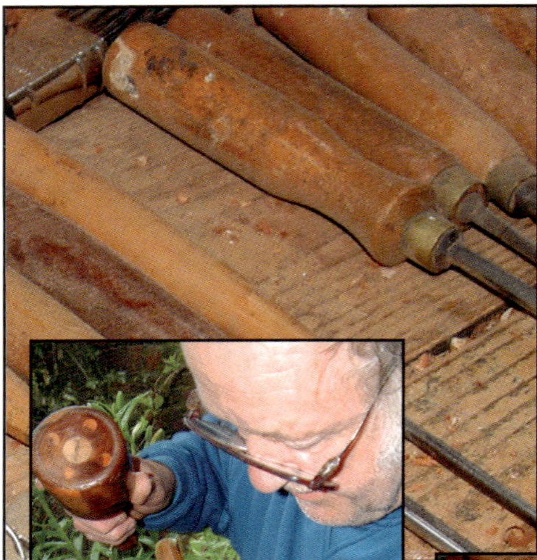
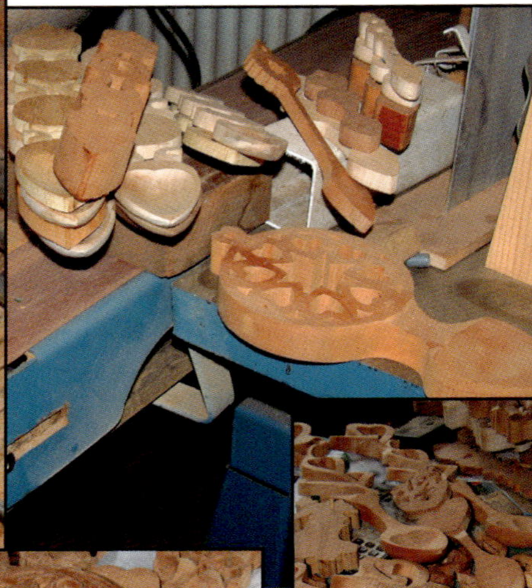
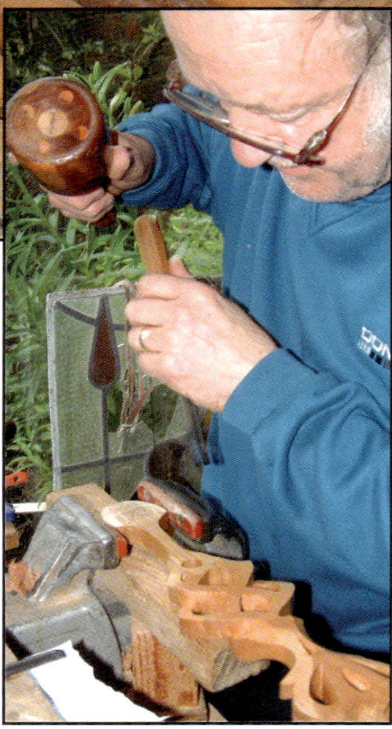
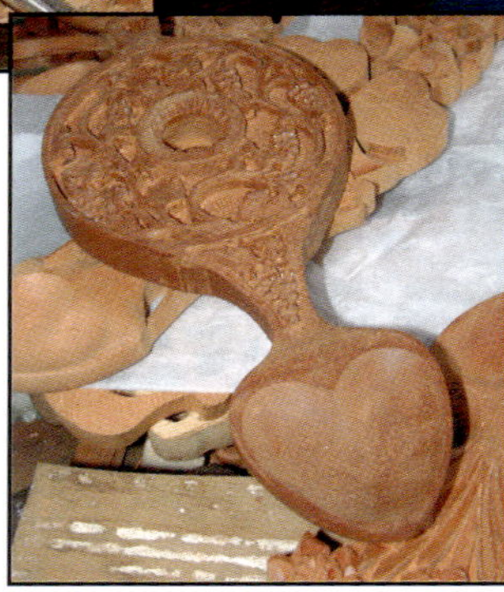
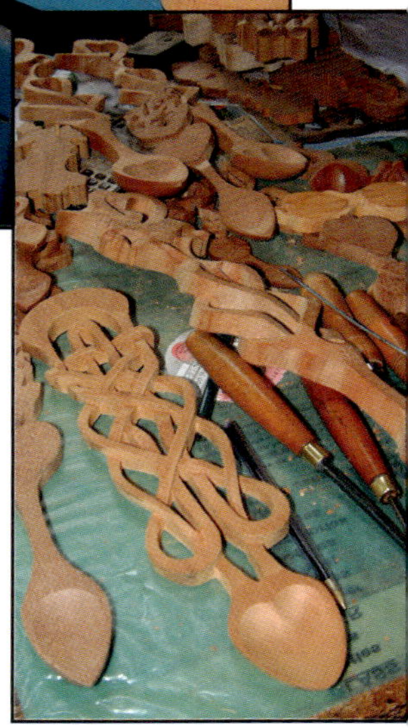

EDWIN WILLIAMS

121 Stryd Teilo Sant, Pontarddulais, Abertawe, SA4 1RA.
Ffôn: 01792 882723
e-bost: sales@wewilliams.co.uk

Dechreuodd Edwin gerfio gyda chyllell boced yn fachgen ifanc iawn, yna bu'n astudio cerflunio mewn sawl cyfrwng mewn coleg celf. Bu'n gweithio fel cerfiwr dodrefn yn Llundain, yn darlithio ac yn arddangos ei gerfluniau mewn orielau cyn agor gweithdy ym Mhontarddulais. Yno bellach mae'n gweithio gyda chymorth Olivia, ei wraig a'r meibion, Odin a Thor. Ychwanegodd ei ddawn cerflunio at rai o'r cynlluniau gan greu llwyau sy'n cynnig siapiau diddorol a llawn dychymyg. Mae ganddynt siop yn rhan o'r gweithdy, catalog a gwasanaeth post i bob cwr o'r byd.

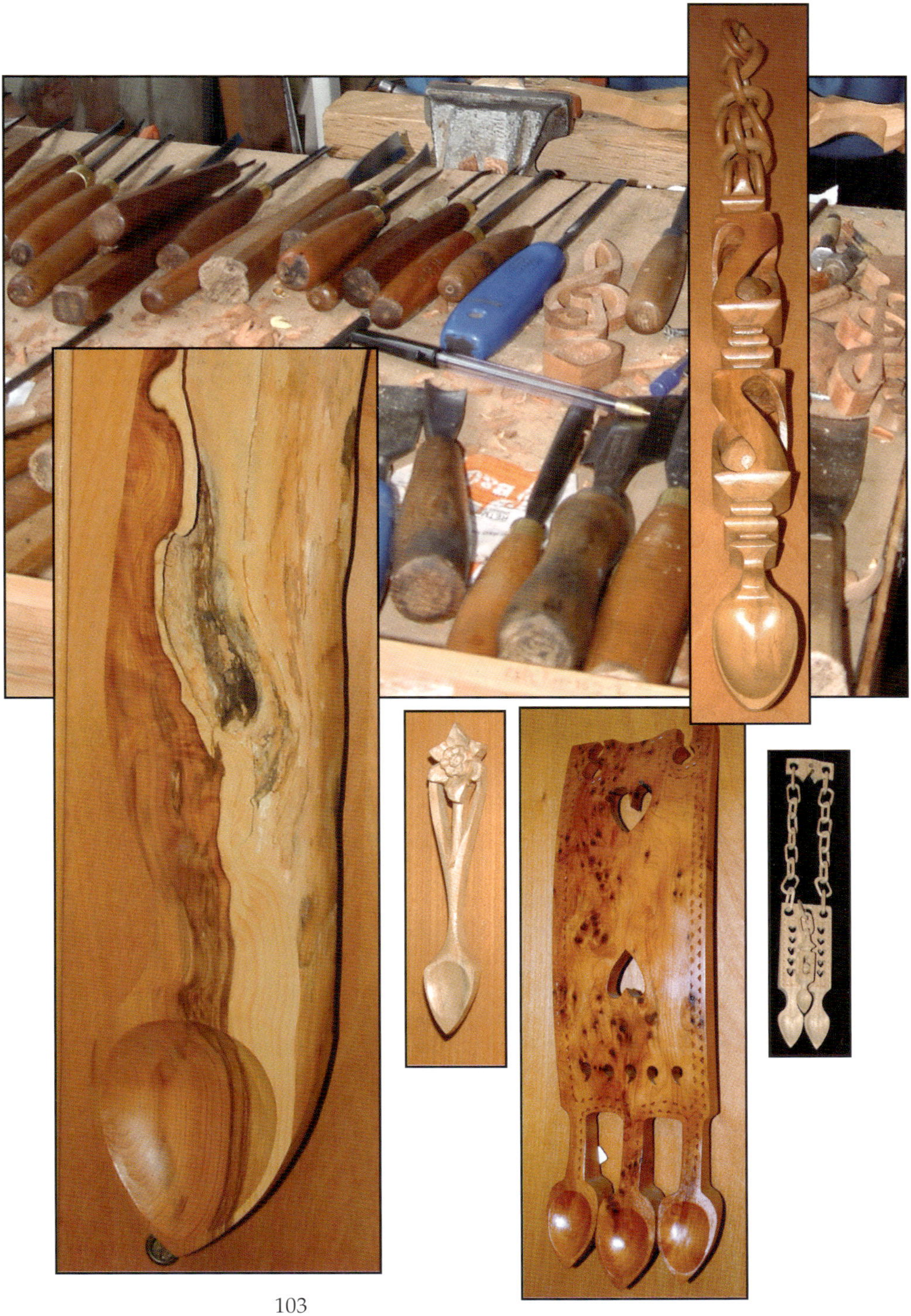

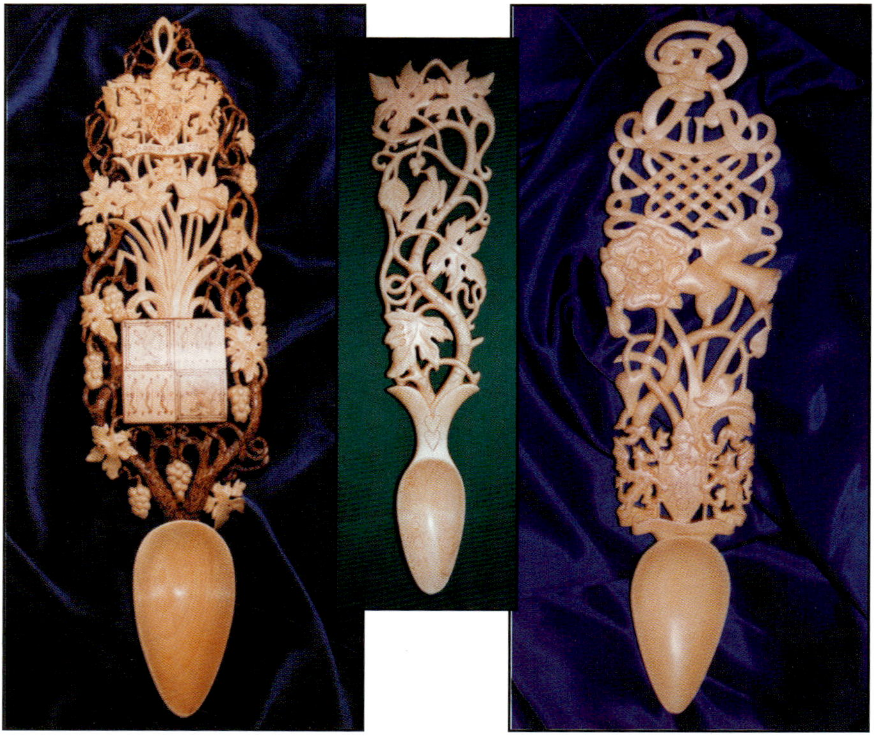

MIKE DAVIES

211 Ffordd y Dyffryn, Saron, Sir Gaerfyrddin, SA18 3TN.
Ffôn: 01269 597626
e-bost: mdavies@lovespoons.fsnet.co.uk
lle ar y we: www.mikedavieswelshlovespoons.com

Wedi'i eni yn Abertawe, dysgodd Mike Davies gerfio pren ar ôl dilyn cwrs celf a chynllunio. Dechreuodd weithio llwyau serch gan astudio casgliad Amgueddfa Werin Cymru, Sain Ffagan. Mae wrthi bellach ers dros 40 mlynedd ac yn canolbwyntio ar dri math gwahanol o lwy – cynlluniau traddodiadol, cynlluniau mwy 'Celtaidd' a chynlluniau cyfoes, gwreiddiol wedi'u hysbrydoli gan ffurf, graen a lliw'r pren. Mae wedi derbyn comisiynau ac wedi arddangos ledled Ewrop ac yn parhau â'i grefft yn ei weithdy yn sir Gaerfyrddin. Mae ganddo gatalog o'i gynlluniau a bydd yn arddangos yn flynyddol yn y Sioe Fawr yn Llanelwedd.

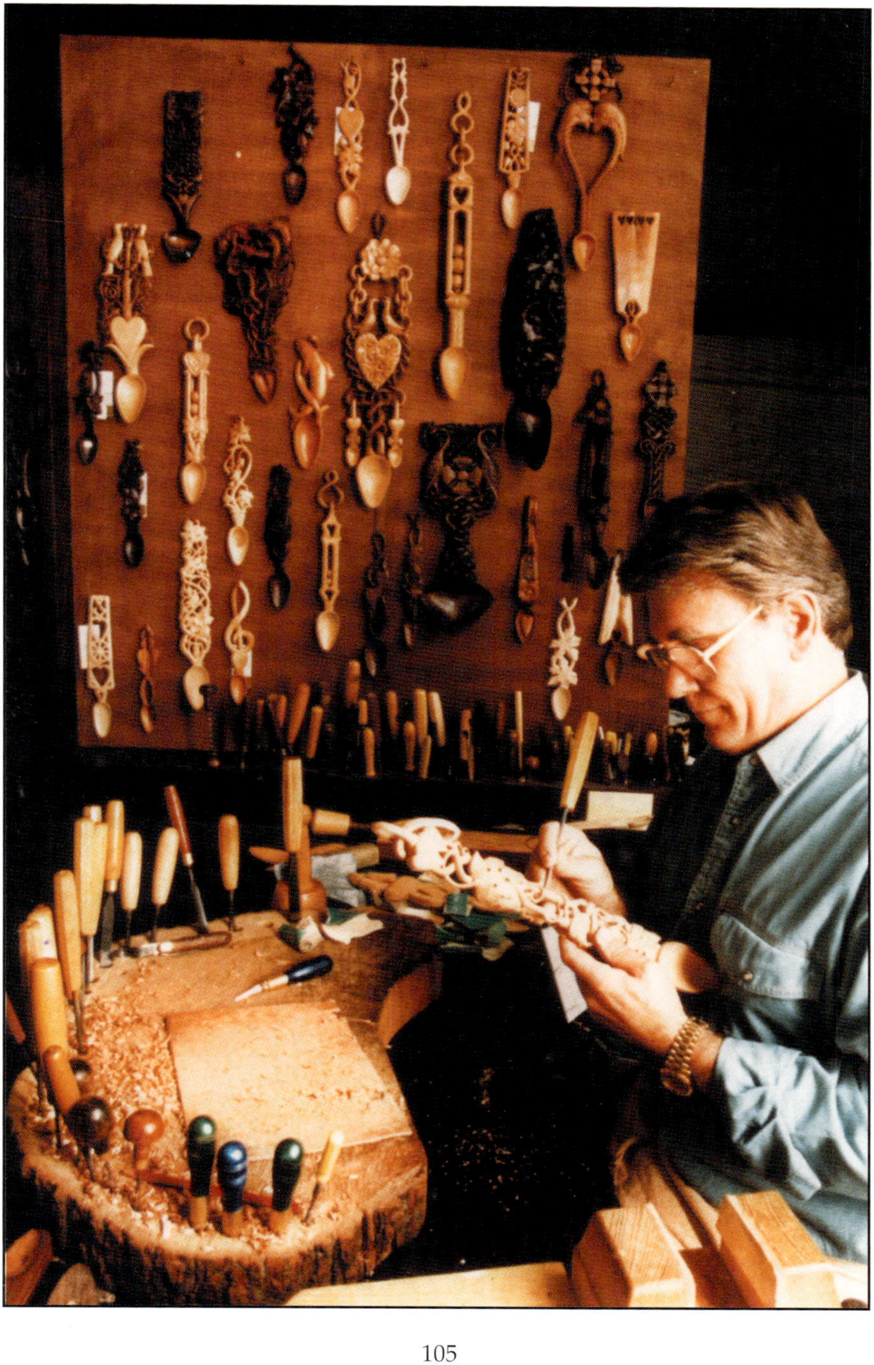

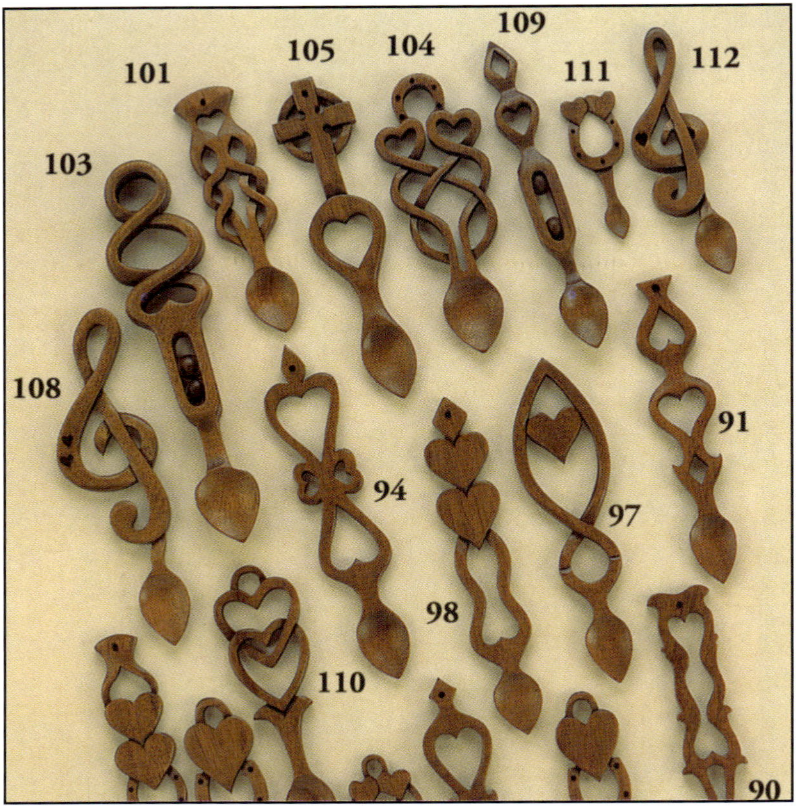

PAUL CURTIS

Dosberthir gan gwmni Cadwyn
Dolwerdd, Llanfihangel, Pencader, Sir Gaerfyrddin, SA39 9JU.
Ffôn: 01559 384378
Ffacs: 01559 384194
e-bost: swyddfa@cadwyn.com
lle ar y we: www.cadwyn.com/llwyau neu www.welsh-lovespoons.co.uk

Magwyd Paul Curtis yn un o gymoedd de Cymru a chafodd flas ar gerfio pren yn fachgen ifanc iawn. Yn un ar bymtheg oed daeth cyfaill ag ef i sylw Gwyndaf Breese,awdur y gyfrol hon. Dysgodd gerfio llwyau serch wrth droed yr awdur ac erbyn heddiw mae'n gwerthu ei gynnyrch ledled y byd drwy gyfrwng gwasanaeth Cadwyn – cwmni cydweithredol sy'n hyrwyddo crefftau Cymreig.

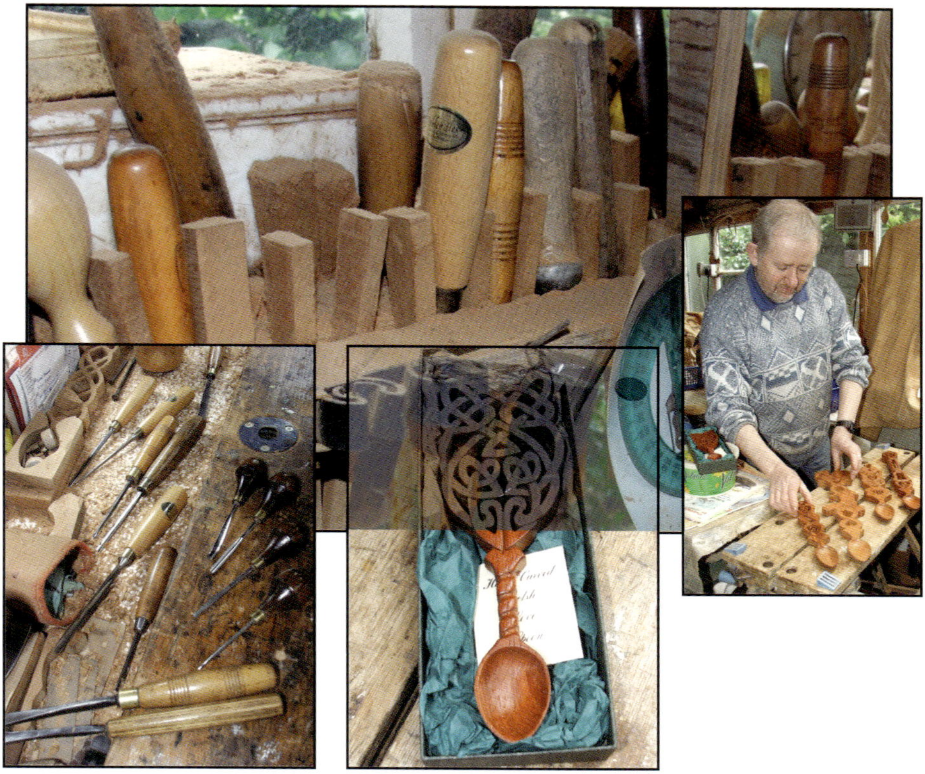

LLWYAU CARU ELWYN HUGHES

(Mike ac Avril Bartlett)
Glyn Dŵr, Chestnut Avenue, Ffordd yr Hen Felin, Dwygyfylchi, Penmaenmawr, Conwy, LL34 6TL.
Ffôn a ffacs: 01492 622293
Gweithdy: 01492 623030

Sefydlwyd y cwmni hwn gan Elwyn Hughes o Ddyffryn Nantlle a agorodd siop grefftau yng Nghraig-y-don, Llandudno yn 1975. Roedd wedi ymweld â llawer o ffermdai ac wedi casglu patrymau o hen lwyau caru traddodiadol. Dechreuodd naddu llwyau ar gyfer ei siop ei hun ac yn raddol cafodd ei hun yn cynhyrchu cannoedd ar gyfer eu cyfanwerthu, eu hallforio ac yn derbyn llu o gomisiynau personol. Daeth Mike Bartlett, peiriannydd lleol, ato i'w brentisio yn 1988 ac wedi ymddeoliad Elwyn, prynwyd y busnes – a'r gweithdy yng ngwaelod yr ardd – gan Mike a'i wraig.

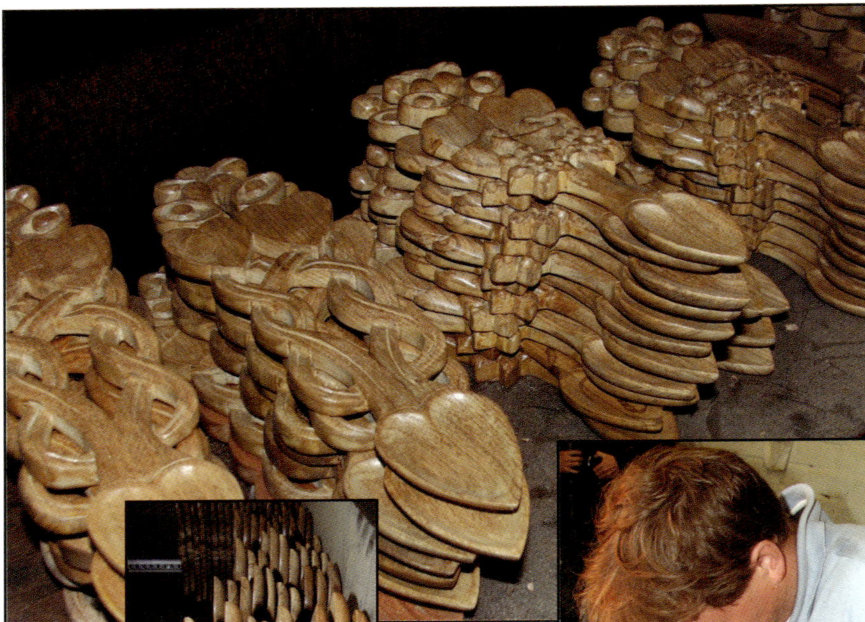

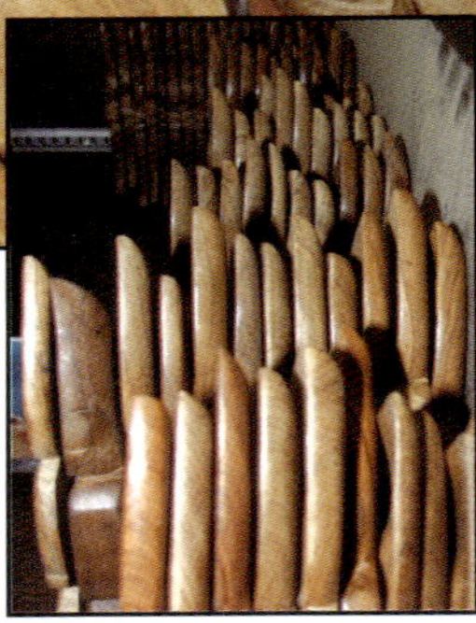

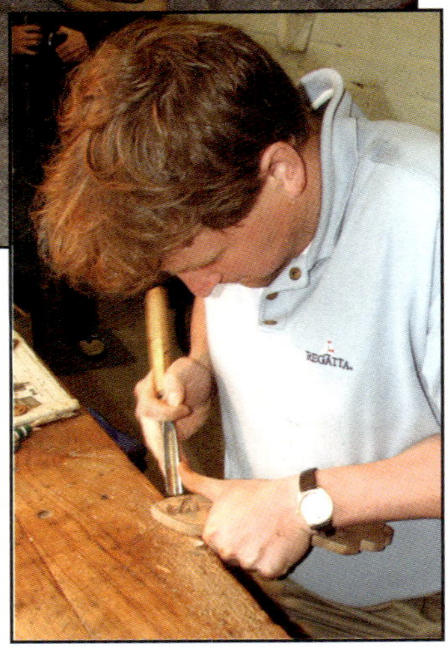

RICHARD DOWNES

26 Lôn Coed Brân, Abertawe, SA2 0YQ.
Ffôn: 01792 205359
e-bost: richarddownes@onetel.com

Cerfiwr yn ymroi'n llawn amser i gynllunio a naddu llwyau serch yw Richard Downes. Mae'n enedigol o Abertawe a bu'n brentis saer dodrefn cyn mynd i Goleg Cerfio a Dylunio Llundain. Wedi cyfnod o gerfio ac adfer hen ddodrefn, trodd at naddu llwyau serch ar ei liwt ei hun yn 1997.

Bydd yn defnyddio cannoedd o wahanol batrymau ond mae cymaint o gyfuniadau yn bosibl, yn ogystal â galw am gerfio enwau a dyddiadau ar lwyau, nes ei fod yn gorfod ailgynllunio'r llwyau yn gyson. Bydd hefyd yn derbyn comisiynau arbennig. Mae ganddo wasanaeth drwy'r post – gyda rhai o'i gynlluniau i'w gweld ar daflen liw arbennig.

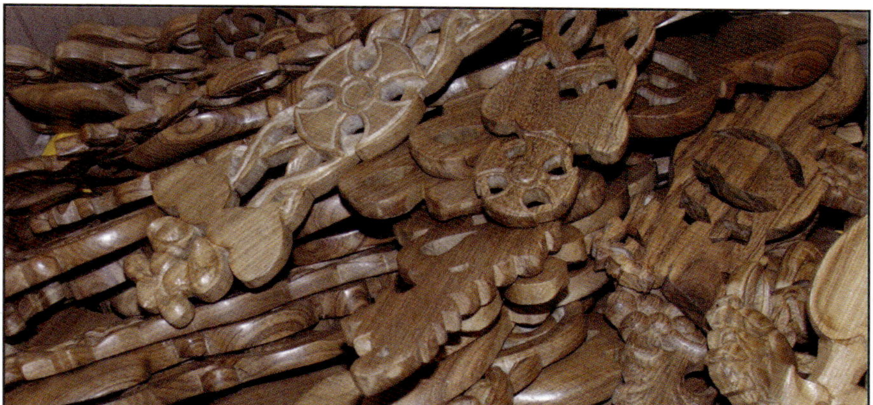
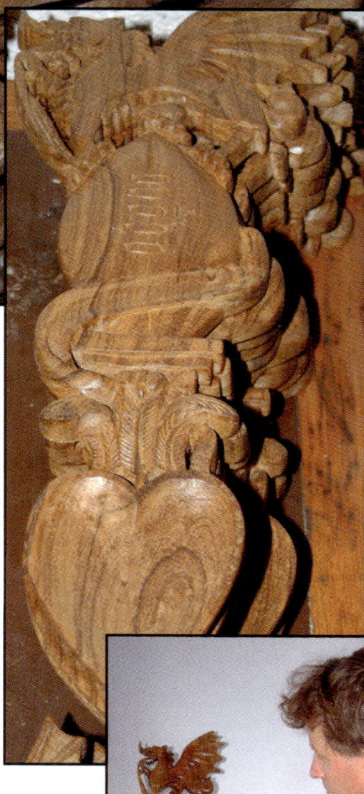
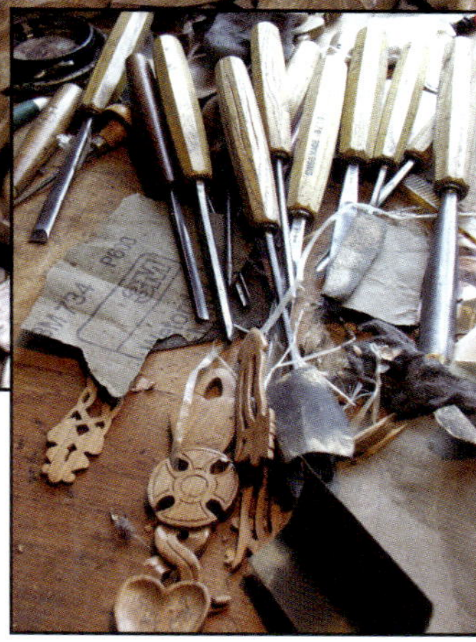
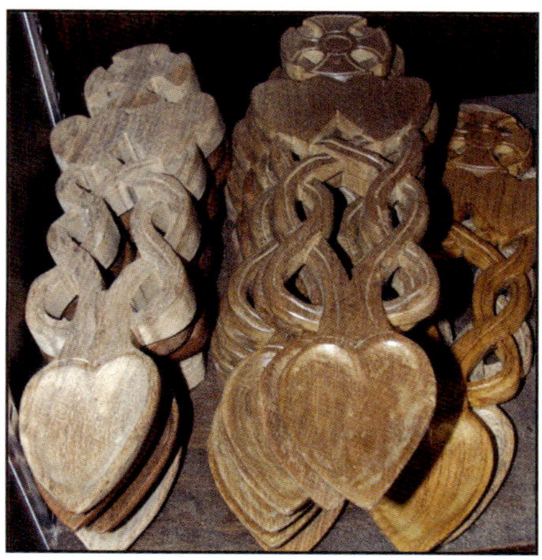
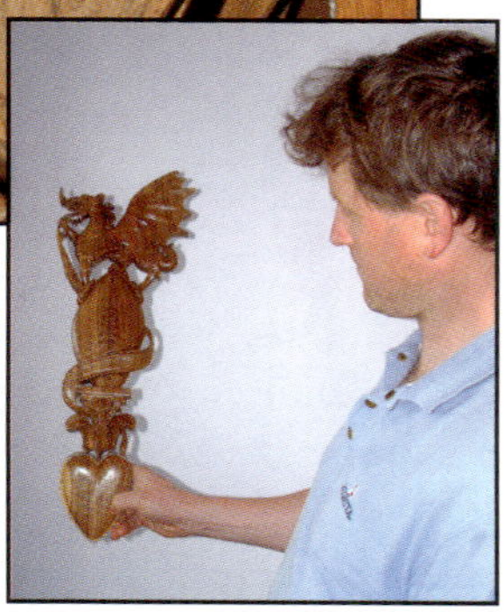

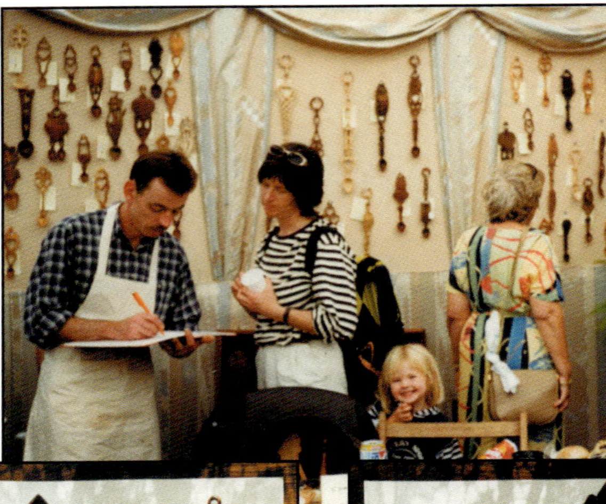

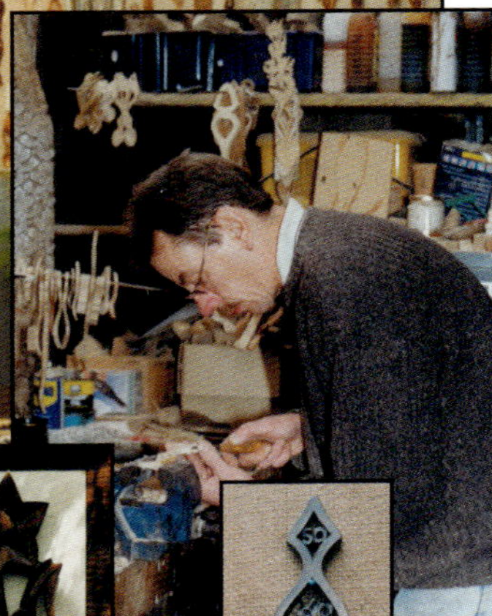

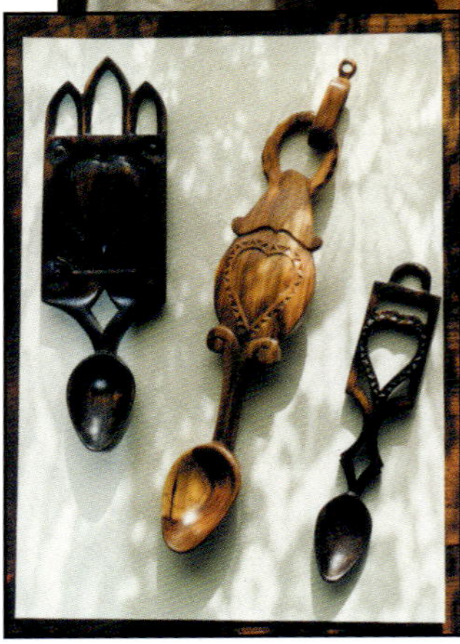

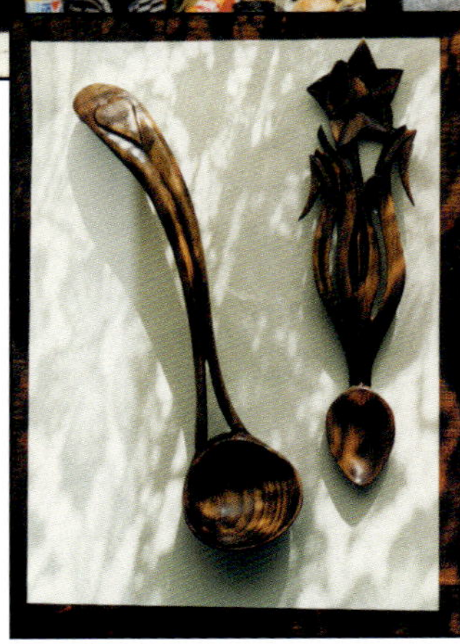

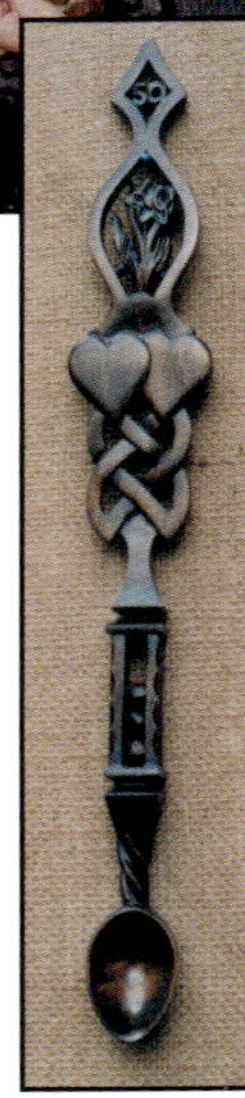

SIÔN LLEWELLYN

6 Gwendoline Street, Nantymoch, Caerdydd, CF32 7PN.
Ffôn: 01656 841904

Pan dderbyniodd ei chwaer lwy serch gan ei chariad, doedd Siôn Llewellyn ond deuddeg oed. Holodd beth oedd arwyddocâd hyn a chafodd ei ysbrydoli. Cafodd ei annog i fynd at Len Evans, Abercynffig oedd yn cerfio llwyau, a Myrddin Madog, gwneuthurwr telynau. Enillodd wobr myfyriwr y flwyddyn yng Ngholeg Pen-y-bont ar Ogwr a'r brif wobr crefft yn yr Eisteddfod Genedlaethol yng Nghaernarfon yn 1979 am gynllunio a llunio ei delyn ei hun ac mae bellach yn allforio drwy'r byd. Bydd yn arddangos yn yr Eisteddfod Genedlaethol a'r Sioe Fawr yn Llanelwedd.

DAVID WESTERN

3274 Albion Road, Victoria BC, Canada, V8Z 3TY.
Ffôn: 250 386-2379
e-bost: dhwestern@shaw.ca
lovespoons@shaw.ca
lle ar y we: www.davidwesternlovespoons.com

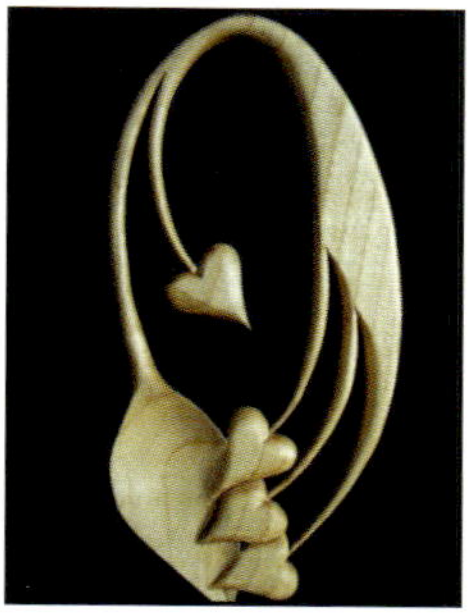

Ganwyd David Western yng Nghaerdydd. Graddiodd mewn Saesneg ym Mhrifysgol British Columbia cyn ennill cymwysterau saer a chynllunydd dodrefn cain yng Ngholeg Dodrefn Llundain. Datblygodd ei ddiddordeb mewn llwyau serch traddodiadol i fod yn ysbrydoliaeth angerddol iddo ac ymrodd iddi'n llawn amser. Mae bellach yn allforio ledled y byd ac yn hynod falch o barhau'r traddodiad Cymreig hwn ar dir Canada.

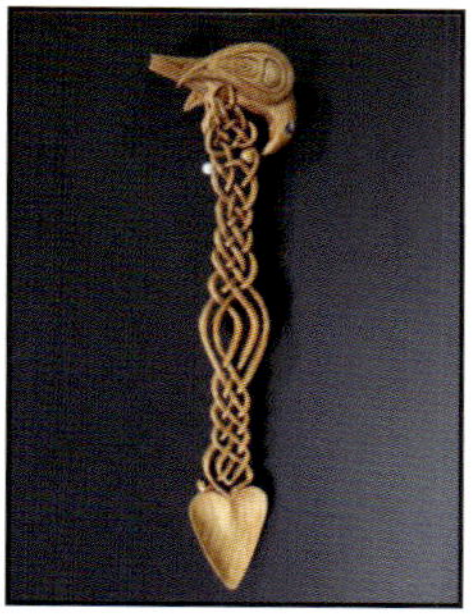

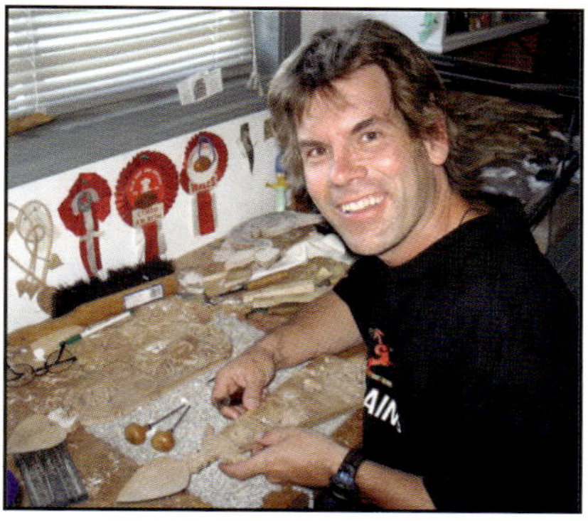

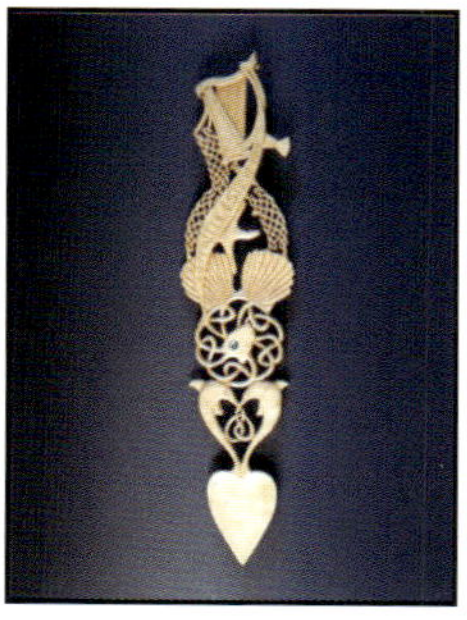

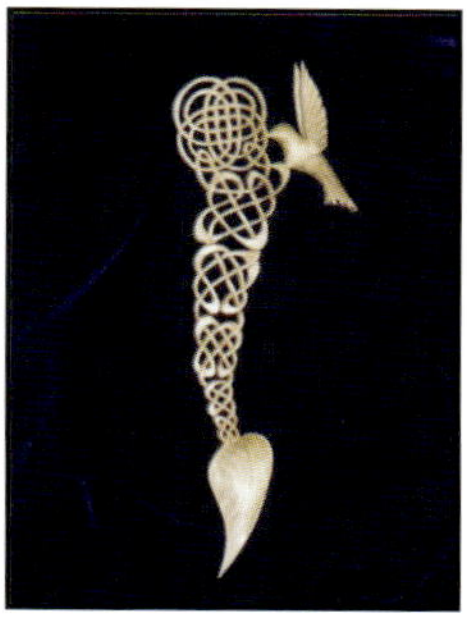

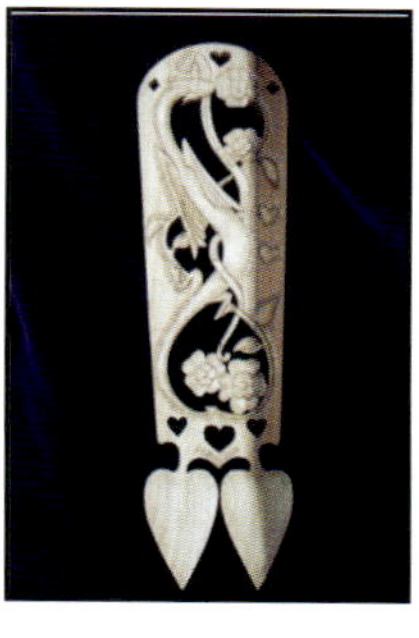

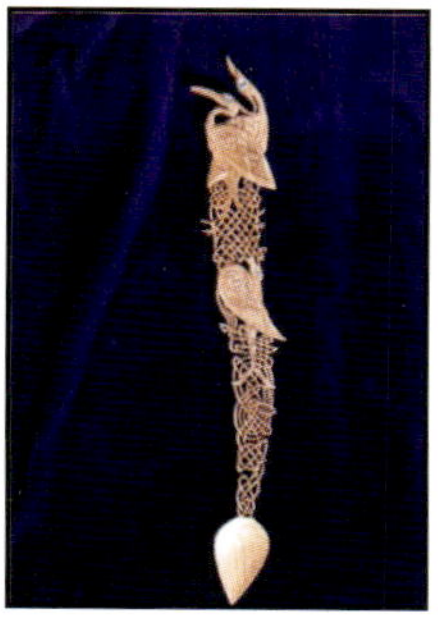

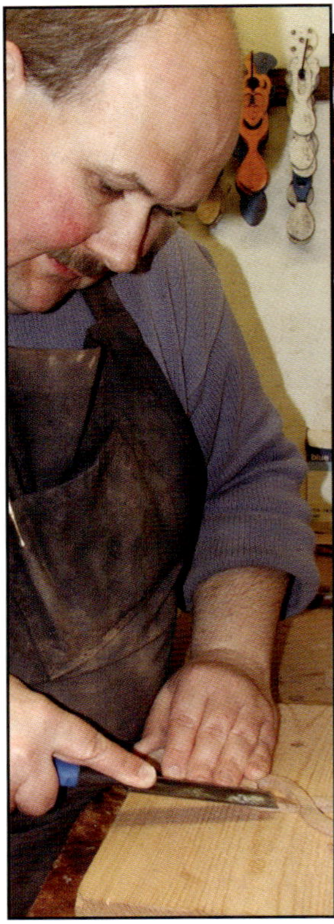

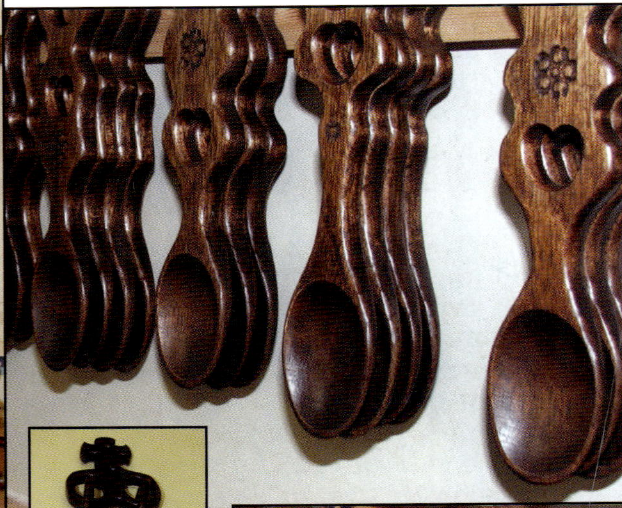

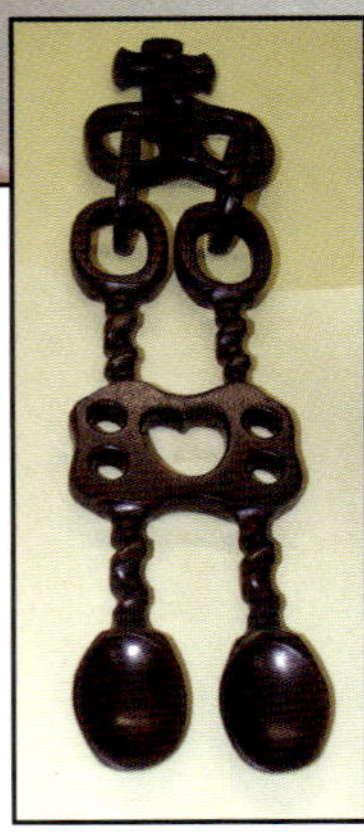

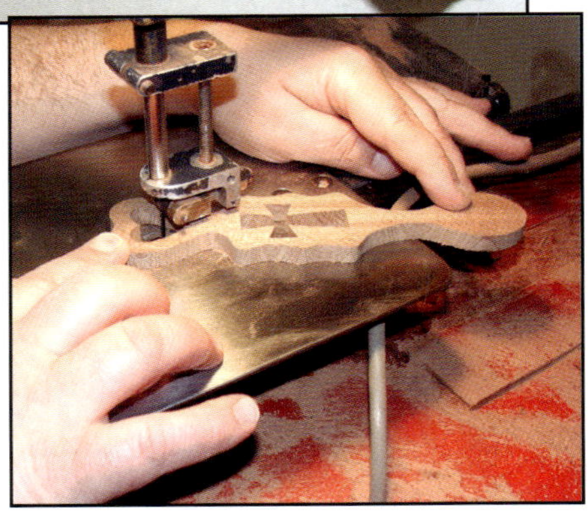

PAGEANT WOOD PRODUCTS

(Leslie Williams)
Capel Coch, Stryd Scotland, Llanrwst, Conwy, LL26 0AL.
Ffôn a Ffacs: 01492 641190
lle ar y we: www.faze3.co.uk

Dilynodd Leslie Williams ei dad, Tegwyn, yn y grefft o greu llwyau caru. Addaswyd capel bychan yng nghanol Llanrwst yn weithdy a bellach cynhyrchir amrywiaeth mawr o lwyau gan gynnwys llwyau priodasol 'dwbwl'. Mae'r gweithdy hefyd yn cynhyrchu placiau Celtaidd pren gyda chynlluniau gan Courtney Davies arnynt. Cyhoeddir catalog yn flynyddol ac mae gwasanaeth post ar gael.